SLK STYLE
STARLIGHT KID STYLE BOOK
図社

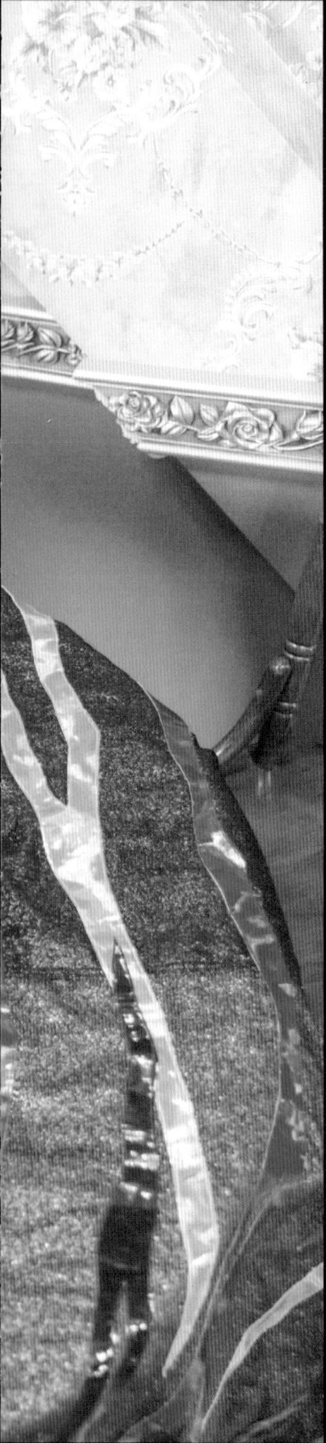

はじめに

闇に踊るスカイタイガー、スターライト・キッドです!!

はじめましての奴!ちょっと知ってくれてる奴!SLKファンの奴

ページを開いてくれてThank You♡

女子プロレスラー初!? マスクウーマンSLKのスタイルブック

この一冊でいろんなSLKを知ってくれよな!

それじゃ、最後まで1mmたりとも目を離さず

楽しんで読めよ〜。

SLK

CONTENTS

スターライト・キッド

24000字インタビュー

マスクウーマンとしてデビューしたスターライト・キッド。それゆえに、これまでその全貌が明かされることはなかった。そんな彼女が「私の本だから」とすべてを語ることを決意。今まで語られることのなかった2万字を超える本音やエピソードに刮目せよ！

24000 WORDS INTERVIEW

全女ファンの母親の影響で 0歳からプロレス会場に

――当初、本書はスターライト・キッド選手の自伝の企画としてスタートしました。

スターライト・キッド（以下SLK） そうですね。だけど、まだ語れるほどのキャリアや人生ではないし、だったらスタイルブック的にした方が今の私らしい一冊ができるかなって思ったからね。

――そもそも正体不明の覆面レスラーなので自伝にしても明かせないことが多いですしね。

SLK たしかに（笑）。

――ただスタイルブックとはいえ、読者さんにはキッド選手のすべてを知っていただきたいので、このインタビューが自伝代わりになればと思います。

SLK OKです！ なんでも聞いてください。明かせる範囲でお話します。

――まず、リング上でもほのめかしましたけど、出身は長崎県ですか？

SLK 長崎県出身だけど長崎で生まれただけ、という感じかな。生まれてすぐに東京に引っ越したので。

――ちなみに生年月日は……。

SLK 一応、不明ってことで（笑）。まぁ、ネットとかで調べれば出てくることだし、各自でチェックしてくださいってところかな。

――どんな子どもでしたか？

SLK ピンクの毛布がないと寝られなかった（笑）。端っこをネチネチしながらじゃないと寝られないという……。

――子どもの頃って、そういうこだわりはありますよね。まだ残ってますか？

SLK さすがに残ってないわ！（笑） 子どもの頃の性格は、**一言でいえばワガママ。**長女で一人目ってこともあったけど、親に迷惑かけっぱなしで……。幼稚園は埼玉だったんですけど、とにかく行きたくないんですよ。その拒否の仕方がハンパじゃなくて（苦笑）。完全に家から離れたくない、だから行きたくない……そんな子ども時代でしたね。

――その頃、友達とはどんな遊びをしていました？

SLK 外で遊ぶのが好きでしたね。公園で遊んでました、ポコパンとか……。

――ポコパン？

SLK 知りません？ 缶蹴りみたいな遊びなんですけど、それってウチの地元だけの呼び方？（笑） あとはドロケイね。

――ドロケイは分かります。ケイドロと呼ぶ地域もありますね。

SLK 私、そのドロケイで骨折してるんですよ、小学校3年生の時に。相手の陣地に滑り込んだら足が痛くなって、次の日、くるぶしがメッチャ腫れて、剥離骨折してたんですよ、へへへ。**プロレスラーとして大きなケガのない自分にとって人生唯一の骨折がそれ（笑）。**あとは児童館のトランポリンやマットで遊ぶのが好きだったんだけど、今、思い返すとSLKの下地はそこでできたかなと。

――と、申しますと？

SLK その場飛びムーンサルトとかやっていたんです。もちろん、当時はプロレス技として意識はしていなくて、遊びの一環としてだけど。それで、プロレスラーになった時に「そういえば、昔やれたよな」的に出したのがその場飛びムーンサルトにつながると。その児童館で遊んだ後、スリーエフで肉まんを食べて家に帰るのが当時のルーティン（笑）。

――今はなきスリーエフ（笑）。ちなみに初恋もその頃ですか？

SLK いきなり？（笑） 初恋か……小学校2年生の時……だったと思う。走るのが速くてサッカーが上手い子で。やっぱさ、小学生の頃に好きになるのって運動神経のいい子じゃないですか？ あの感覚はなんなんだろう？（笑）

――まぁ、たしかにそうですね。プロレスに出会ったのはその頃のことですか？

SLK いろいろなところで話してるけど母親が全女（全日本女子プロレス）のファンで、その流れでNEOの会場に足を運んでいて。**だから0歳の時からプロレス会場にいたことになりますね。**記憶に残っているのは幼稚園……いや、小学校低学年の頃かな。

――そのNEOで思い出に残っている試合はありますか？

SLK 思い出に残っている試合……**田村欣子さんと日向あずみさん（当時JWP所属）の、たぶんタイトルマッチ**だったと思うんですけど……。その試合を後楽園ホールの南のオレンジシートで観ていた記憶があります。ただ、どういう気持ちで観ていたのかは忘れたし、そもそも親に連れて行ってもらっていたからプロレスが好きだったのかも曖昧ですけど、グッズは買っていたし、パンフレットにサインをもらっていたから好きだったんでしょうね。田村さんのファンだったし。

——子ども心に田村選手のどのようなところに惹かれたのでしょう？

SLK　強かったし、かっこよかったですよね！　入場からとにかく魅了されたのを覚えていますよ。

あの大会をまさかの生観戦 でもプロレスがやりたかった

——そのNEOは2010年12月31日に解散します。その後、一人で観戦するようになったのは？

SLK　2015年2月のスターダムの後楽園大会ですね。スターダム自体はその前年の夏樹（たいよう＝2014年6月引退。現：SEAdLINNNG代表取締役社長）さんの引退試合を観たのが初めてです。

——大会のエンディングで選手全員が踊り狂っていた大会ですよね？

SLK　そうそう（笑）。で、その時が4年ぶりくらいのプロレス会場だったんですよ。それで気になって、スターダムのことを調べたら、小中学生が1000円（当時）で観戦できることが分かったんですよ。**「安っ！　これだったら自分一人でも行けるな」**って感じで一人で行くようになったんです。それが13歳くらいのことだったかな？

——ちなみに当時の生活環境では、一人で後楽園ホールに行けるところに住んでいたと？

SLK　そうですね。30分圏内だったから一人で行こうって。その時のチケットがめちゃくちゃリングに近くて。1000円なのに（笑）。西側の木の椅子の一番前の一番端だったと覚えてます。

——その時の感想は覚えてますか？

SLK　NEOしか観ていなかったから知らない選手ばかりでしたけど、第一試合につくしさん（当時アイスリボン＝引退）が出ていて。つくしさんはNEOにも出ていたから知っていて、（紫雷）イオさんもNEOで観たことがあったし、何人か知っている選手が出場されていたので楽しんだと思います。で、そのイオさんがコグマさんに……当時の話をすると当時の呼び方になるけど（笑）、イオさんがコグマさんにハイスピードのベルトを奪われた日で……。

「どうぞ〜」みたいな感じでアッサリと入門が決まりました。

——ん？　2015年2月の後楽園大会といえば、それって……。

SLK　いわゆる世Ⅳ虎さんと安川惡斗さんの事件があった日ですね。

——少女だったキッド選手はそれを間近で見ていたと？

SLK　はい、そうなんですよ。ただ、リング上で何が起きたのかも分からなかったし、ちょっと変な雰囲気かも、とは思ったけどワケが分からなくて。「あの大会を観て、よく練習生になろうとしたね！」って驚かれるんだけど（笑）。でも、知っていたつくしさん、イオさんが出場した2試合とメインの計3試合の印象しかなくて、（岩谷）麻優さんがどの試合に出てたのかも覚えてない（笑）。

——そこがオチ（笑）。その後、何度か一人でスターダムを観戦しているのですか？

SLK　そうですね。それで、たぶん2回目の一人観戦の時だったと思うんだけど、売店にまだキッズファイターだった時のAZMが立っていて、「あ、こんな小さな子もいるんだな〜」って。今となってみればどの時点でそうなったかは覚えていないんですけど、急に「私もプロレス、やってみようかな……」って、フと思ったんですよ。なんですかね？　本当に急にプロレスをやってみたいって思って。たぶん、その頃、私自身はやりたいことや将来の夢みたいなものが何もなかったんですよね。それが動機としては一番デカイと思います。

——当時、中学生ながら将来の夢とかなりたい職業がなかったと？

SLK　うん、なかった。あ、でも、アイドルには多少興味があったので何度かオーディションも受けているけど。……自分の本だから明かすけれど、私、中学校、途中から行っていない時期があるんですよ。いわゆる不登校ってやつで。

——引きこもり、ですか？　でも、プロレス会場に足を運んでいるから完全な引きこもりではないか……。

SLK　2015年の2月って、再び登校し始めた時期じゃないかな……曖昧だけど。あ、登校しても自分の教室には行かないで相談室みたいなところで先生と会って、話をして……みたいな時期だったのかな。

――差支えなければ、学校に行かなくなった理由は?

SLK　単に嫌いってだけで。幼稚園も小学校もそうだったけれど、それがさらに大きくなったという感じで。本当に行きたくないんですよ、それだけなんだけど。朝、起きて「行きたくない!」って。

――そのような状況の時にプロレスラーになりたいと思って、誰かに相談しました?

SLK　ママだったと思う。で、その時のリアクションは心配はしているだろうけど否定的なことは一個もなくて「いいんじゃない?」って感じでしたね。**それで履歴書をすぐに送りました。**

――当時のスターダムは風香さんがスカウトするイメージが強いので履歴書を送ったのは意外です。

SLK　**〝風香さんシステム〟を知らなかったんですよ。**

――〝風香さんシステム〟(笑)。

SLK　ちゃんと正規のルートですよ。証明写真を撮って履歴書を書いて送りました。たぶん、小川さんのところに残っていると思いますよ、履歴書(笑)。それで風香さんから連絡がきて、当時、スターダムが練習場として借りていた浜松町のZERO1さんの道場で面接して。あ、思い出した! その時、初めて麻優さんに会って挨拶したんだ! リアクションは覚えてないけど。それで、とくにテストをするわけでもなく、**「どうぞ~」みたいな感じでアッサリと入門が決まりました(笑)。**2015年5月のことですね。

学校終わりにシーザージム
プロレス少女たちの日常生活

――その時は小川さんとはまだ会っていなかった?

SLK　そうですね。入門が決まって、新木場(1stRING)の試合の時に会場に行って、そこで初めて挨拶をしたのかな。その時、売店を手伝っているんですよ、当時、ケガで欠場していた奈苗さん(現:高橋奈七永)と一緒に。

――高橋奈七永選手がギリギリ在籍していた時ですね。それで当時は中学生でしたけど、練習は学校が終わってからやっていたんですか?

SLK　平日は学校終わりに当時、練習場として使っていた新小岩のシーザージムで基礎練習的なことをして。それで土曜日は浜松町の道場でリング練習をするって流れでした。

――現在のスターダムでシーザージム練習を経験されている選手も少なくなりました。

SLK　私の世代だとAZM、南三姉妹(羽南、吏南、妃南)、ルアカ(現:琉悪夏)がシーザージム練習体験者になるのかな? 学校が終わったら一度家に帰って、すぐにジムに向かうというハードスケジュールでした。それで、その後は〝選手練〟といって選手クラスの練習があったんだけど、私はそれにも参加したくて学校から直行して合流するようになったんですよ。

――それは、いわゆるキッズファイターと選手とでは体格も身体機能も違うので別々に練習していたということですよね?

SLK　その通りです。だから、キッズファイターのクラスはプロレス教室的な、部活的な感じもあって。先生は風香さんで。**練習自体は、私、マット**

2015年10月11日のデビュー戦（後楽園ホール）。大技のデジャヴを見せるなど、大きなインパクトを残した。

運動系は得意だったので、わりとすんなりできたんですよ。だけど、筋トレ系が……（苦笑）。とくに腹筋が苦手で苦労しました。

——ちなみにそれまでのスポーツ歴は？

SLK ダンスを8歳から10歳、あと中学生時代にって感じで2期に分かれてやっていて。そして部活でバドミントンをやっていたけど中学校に行かなくなったのでほとんど出ていませんね。

——プロレスの練習を始めた当初の思い出はありますか？

SLK 練習以外のことだと南三姉妹が小っちゃかったのと、栃木からきていることに驚いたことかな……。南三姉妹の家に遊びに行くこともありましたけど、「こんな遠くから通って練習してるの？ すげぇなぁ？」って。あと、AZMやルアカとは練習がない時とか一緒に遊びにいくようになったし、家族ぐるみの付き合いもしていました。

デビュー戦でデジャヴを披露！ 早くも見せた才能の片鱗

——そんな練習生活を経て、いよいよデビューとなりますが、決定を聞いた時の感想は？

SLK 決まった瞬間ってどうだったんだろ？ 風香さんから伝えられたと思うんですけど。でも、どういうシチュエーションだったかは覚えてないの（笑）。他にも（美邑）弘海さんとかのデビューも決まっていて、数人をまとめてデビューさせたかったんだと思うんです、会社的には。話題性もそうですけど、選手の数が少なかったので。私、練習生期間は約半年ですけど、その間に何人も辞めていきましたからね。当時は本当に選手層が薄かったんですよ。

——先輩たちが次々に団体を去っていって不安はありませんでしたか？

SLK **何もなかった。**練習生だから何も伝えられなかった、ということもあったんでしょうけど。あと、当時の練習生ってあまり会場には入れなかったんですよ。常に売店の手伝い、みたいな。椅子を並べたりする会場の設営はデビューした選手の役割でしたから。選手と練習生の区別がハッキリしていたから、余計に会社の内部情報は伝わってこないですよね。

——ちなみに年齢的にはキッズファイターですけど、選手としてカテゴライ

マスクを被った理由は、第一に子どもっぽさを隠すため

ズされてのデビューですよね？

SLK 年齢的にはキッズファイターでしたけど、プロレスラーとしてデビューしましたよね、ちょっと微妙なところではあるんですけど。

——その練習生期間、「こういうプロレスラーになりたい！」といった理想像はありましたか？ たとえば目標の選手がいたとか……。

SLK 正直なことをいえば、麻優さんは好きでしたよ。**だけど、「こうなりたい！」といった理想はとくになかったかもしれない。**

——当初はリングネームもスターライト・キッドではなかったんですよね？

SLK 最初は小川さんにスター・キッドというリングネームを提案されて、最終的に今のスターライト・キッドになりました。マスクを被ることになった理由は第一に**子どもっぽさを隠すため**というのが大きかったと思います。……実は、詳細を明かすと顔バレとか出てくるんでぼんやりと話しますけど、練習生時代、ある選手の入場の時に、ある選手のコスチュームを着てマスクをかぶってダンスしているんですよ。

——それって、当然、お客さんは見ているわけですよね？

SLK そうですね。でも、たぶん、コスチュームを借りたある選手がマスクを被ってダンスしていたと思ってるんじゃないのかな？（笑） あと、ぶっちゃけちゃうと、練習生時代とか、マスクウーマンになる話が出る前は、けっこうお客さんの前に出てますよ。

——もちろん、素顔ですよね？

SLK これ以上、探られたらマズイので、この話題は終了〜！（笑） ただ、古くからスターダムを見ているファンの方も覚えていないんじゃないかな？ 練習生だからそんなに目立つ存在なわけではなかったし。

——デビュー戦のことは覚えていますか？ 実はこれまでに多くの選手を取材してきて「覚えているけど思い出したくない」という選手が多いんですよ。岩谷麻優選手は「映像が残っていても絶対に見ない」とまで言ってますし。

SLK 私もデビュー戦の映像は見たくはないかな。恥ずかしいですよね。と、いうことは覚えているんですけど（笑）。

——僕はキッド選手のデビュー戦を会場で観ているのですが、デビュー戦とは思えない動きをしていた記憶があるんですね。その時、隣の席に座られていたのが、キッド選手のマスクを作られた方（マスク職人のオオヤ氏）で、「キッド選手って、以前、素顔でデビューして何試合かしてます？」って聞いたほどで。

SLK オオヤさん、何て言ってました？

——「いや、僕はマスクを作っただけなので知りません」って。

SLK （笑）ですよね。そうそう、普通、マスクの寸法ってデビュー前に測って作るものじゃないですか。**でも私、測ってないんですよ。**

——え？

SLK 初めて話すことですけど、マスクウーマンとしてデビューが決まってから、練習中も仮のマスクを被っていたんですけど、実はそのマスクは、**本来、コグマさんが入場時にかぶる予定のものだったんです。**そのマスクをもとに作ったのが、スターライト・キッドの最初のマスクです。そんな感じで被り始めたから、オオヤさんは私のことを知らなかったのでは？

——なるほど！ あと個人的にデビュー戦ながら「すごい！」と思ったのが技の選択でして。デビュー戦で繰り出した不知火やデジャヴとかはご自身で「得意技にしよう！」と思って練習してきたのですか？

SLK いや、風香さんの勧めです。デビュー当初は何から何まで風香さんの言う通りにしていましたからね。

——風香さんの存在は絶対だった？

SLK はい。さっきキッズファイター云々というお話が出ましたけど、当時のスターダムの中でキッズファイターが成り立って、それが後にイチ選手として今も活躍できているのは風香さんが指導してくださったからだと思うんです。仮に今、キッズファイターというカテゴリーがあっても指導する人がいないから成り立たないです。

空白の10か月、そのときSLKは？

——さて、デビューして8か月経った2016年6月に一度、リング上から

消えます。後に高校受験のための欠場だったと明かされました。

SLK そうですね、表向きは高校受験のためでしたけど……実は健康上の問題もあったんですよ。

――答えられる範囲で構いませんが、どんな症状だったのでしょうか。

SLK 病名とかはないですけど、鼻血が止まらなくなって。もともと小学生の頃から出ていた症状ではあったんです。一度鼻血が出ると一時間くらい止まらなくなって。プロレスラーになって最初の頃は大丈夫だったけど、再発というか、気付けば……という感じで。

――鼻血が詰まれば試合中の呼吸とか苦しくなりますよね。

SLK そう！ それを試合中に感じてしまうと動きとかに影響が出ますよね。だから恐怖心というか、体質的なところで精神的に追い詰められてしまったんですよ。それがちょうど中学3年生だったこともあったし、そんなタイミングで一度、リングから離れました。

――もともと高校受験は考えていたのでしょうか？

SLK いや、高校に行こうとは思ってなかったんですよ、最初は。プロレスラーになって学校にも復帰して普通に登校するようになっていたけど、高校進学ではなくそのままプロレスの世界に進もうと思っていました。だけど、その体調面もあって気持ちが変わって。**「もうプロレスを辞めよう」と決めました。**それほど追い詰められていたんですよ、体調面に。

――休業期間はプロレスに一切関わっていなかった？

SLK 会場にも顔を出していたし、一部の選手とは連絡を取っていました。風香さんと親が辞めさせたくなかったので強引に繋ぎ止められていたというか。たしか、11月の後楽園ホール大会では同期のタッグのセコンドに付いて、AZMにその場飛びムーンサルトを決めているし、翌年5月には小川さんの還暦パーティーにも行っているし、ちょいちょい呼び出されていました。あと、スターダムが、ももクロさんのイベントで試合をした時も行っていますね。

――そうやって半ば強引に会場に呼び出されていくうちに復帰を考えるようになったのでしょうか？

SLK 常に繋ぎ止められていたんですよね。欠場中のある日、AZM家とルアカ家と我が家の三家族でご飯を食べに行って、「戻ってきなよ」って感じで言われたりして……。でも、高校に進学しても目標はなかったし、プロレスを辞めようと思っていたけど、**心のどこかで「復帰するかも」という気持ちがあったのかな？** 家で筋トレはしていたから。

昔から人前で何かをする、目立つことが好きだったんですよ。

――やはり未練があった？

SLK あったんでしょうね。「いつか何かあった時のために」って気持ちがあって、でも、その〝いつか〟も〝何か〟も分からなかったけど、「私、リングに戻るのかな？」的に考えてはいたんだと思います。振り返ってみると、**昔から人前で何かをする、目立つことが好きだったんですよ。**会場でAZMやルアカの試合を観て嫉妬心というのかな？ そういうのはあった。

――学校ではキッドさんがプロレスラーであることは知られていたんですか？

SLK 先生とか一部の生徒は知っていましたね。でも、その当時はプロレスって響かないんですよね（苦笑）。「すごいね！」と言ってはくれるけど、興味はない、みたいな。もちろん、会場にきてくれた友達はいましたけどね。

――ちなみに会場に友達がいると張り切るタイプ？ 恥ずかしいタイプ？

SLK 張り切るタイプかな。私、たぶん、彼氏が会場にきてくれたら人一倍頑張ってると思うんだよね。ま、高校時代にお付き合いしていた同い年の彼氏は「怖くて見れない」というタイプだから、そんなことはなかったですけど（笑）。

――その後、2017年6月に「リングに復帰しよう！」と決意した決定的なキッカケは何だったのでしょう？

SLK いつ頃だったかな？ 高校進学が決まって、風香さんから「復帰、いつにする？」って持ち掛けられました。さらに逃げられない状況を作られて……練習に呼ばれたり、会場に行けばお客さんの前に出されたりで、**「これは復帰しないとマズイだろ！」みたいな（笑）。**

――風香さんの作戦ですね。

2018年3月28日、決定戦で渋沢四季を下し、フューチャー・オブ・スターダム初代王者に輝いた。

SLK　まさに（笑）。欠場期間中に3回くらい練習に参加したんですが、動けたんですよね。身体が覚えていて、すぐに復帰できるコンディションではありました。いま思うと辞めると言いつつも、練習に行っていたってことは復帰する気があったんでしょう。**だけど、普通に学生生活も送りたいな〜、みたいな。**

――そんな揺れ動く気持ちの中で復帰して良かったと思いますか？

SLK　今は思います。

――"今は"ということは、復帰当時は？

SLK　何とも思っていなかったと思うんです。**昔の私は感情がないというか、「これをしたい！」という欲もなくて。**上から言われたことをやるだけ、という感じでしたよね。学生というもう一人の私がいたから、語弊があるけれど「プロレスは習い事感覚」だったと思うんですよ。

――部活みたいな感じで？

SLK　そうそう！　だから前座でも「試合ができればいいや〜」という姿勢でした。もっと言ってしまえば、可愛くてチヤホヤされていればいいやと思ってた（苦笑）。もう、ぶっちゃけてしまいますけど、**人気だけはあったから、そこを守ればいいやとも思っていたし、なんなら別に試合で活躍しなくてもいいや、みたいな。**だって、私なんかが上の選手のタイトルマッチには割り込めるわけないし、そこに入らなくてもいいやという考えだったんですよ、子どもだった私は（苦笑）。

――それでは上に行けるはずもなく……。

SLK　『5★STAR GRAND PRIX』にエントリーされなくて逆に「良かった」と思ったこともありましたからね。最低ですよ、ホントに（笑）。会社から提示された立場をなんとなくこなせばいいと思っていました。

――今の欲望に満ちたキッド選手とは真逆ですね。とは言うものの2018年3月には新設された、フューチャー・オブ・スターダムの初代王者になっていることもあって、そうは見えませんでした。

SLK　野望とか目標とかSTARSを抜けるギリギリまでなかったですよ。唯一、ハイスピードのベルトはいつか巻きたいと思っていたかな？　**でも、その"いつか"は本当に「いつかくればいいか」的で（苦笑）。**フューチャーに関してはトーナメントが発表されて、「ここで勝てば初代になれるのか」ということで多少、欲は出てきたのかな。だからといって、「初代王者になったとしたら、こうしよう!」という目標までは持てなかったですけどね。

――周囲は気にならなかったんですか? たとえば同世代のAZM選手は中学生時代にクイーンズ・クエスト入りを表明して第一線で活躍するようになりました。

SLK AZMのQQ入りか……別に何も思わなかったんじゃないですか? なんなら(林下)詩美がデビューして快進撃を続けた時も「デビュー戦で引き分けて、すぐに5★STARに出られるなんてスゲェ!」って思ってたほどですからね。だから初期のスターライト・キッドには名勝負もライバルストーリーもないですよね。

――とは言いつつも、退団直前だった紫雷イオ選手とのシングルマッチ(2018年5月27日)で善戦していたりと、徐々に注目を集め始めたと思います。

SLK イオさんとの試合は覚えていますよ。もちろん、試合の時には渡米されることは知っていましたし、何か残さなきゃと思ったから、2段ロープからのムーンサルトを解禁したんですよね。イオさんもその場飛びムーンサルトをされるじゃないですか? 他の試合ですけど、イオさんとその場飛びムーンサルトのやり合いという展開になったことは印象深いです。あと、ヨシタニックはイオさんから、ある日、「この技、つかってみなよ」って、言わばいただいた技で、そのシングルマッチで初めて出したんですよね。

――この2018年は前年にKAIRI選手が退団されて、続いてイオ選手も……と、再び選手層が薄くなった時期です。選手が団体を去ることにどういう想いを抱いていましたか?

SLK 去る選手の事情にもよるけれど、次の世界でがんばってください、って感じかな。でも寂しいですよ。とくにイオさんの場合はシングルマッチが決まったのと同時にイオさん本人から聞いて、私、泣いたんだよね。**「最後なんだ……」と思いながら臨んだのがあのシングルマッチです。**イオさんとの試合は後日談があって、そのシングルの後にもQQとの8人タッグがあったんです。それが正真正銘イオさんと絡める最後のチャンスだったんですけ

業界に衝撃が走った、ブシロードによるスターダム買収劇

ど、小波さんのキックが私の顔面に入って鼻から大出血して戦線離脱したんですよ。「あぁ最後だったのに〜」って意味での悔し涙が出てきました。

——去る選手もいれば入ってくる選手もいます。近年では他団体からの移籍や復帰する選手が急激に増えています。選手層が厚くなることでの危機感はありましたか？

SLK ジュリアがきたのが19年の夏でしたっけ？ う〜ん、正直なところ、「プッシュされてるな〜」とは思いましたけど、当時はSTARSのマスコット的存在でいればいいやという気持ちだったから気にならないというか。結果を求めていなかったんですよね。

ブシロード体制に変わっても自分は何も変わらなかった

——このインタビューの時点でキャリアは約7年半になりますけど、現在のスターライト・キッドとして当時の自分に言いたいことは？

AZMのQQ入りか……別に何も思わなかったんじゃないですか

SLK 時間を無駄にしてるんじゃねえよ！って思います。ただキャリアを積み重ねてきただけじゃん！ そう言いたいですね。ただ、これってキッズファイター、学生から在籍していると、誰しもが経験しているんじゃないかな？ 会社からは「まだ先があるから」って後回しにされてしまうこともあるし、そこに甘えてしまう自分もいるし。キャリアばかり積んで芽が出るのが遅くなってしまう傾向がありますよね。キッズや若いと身体も小さいし、何よりも大人たちの「まだ子どもだから」というイメージがいつまでも残ってしまうし、そこから抜け出すのが難しいのが遅咲きの原因じゃない？ 私自身、AZMがQQ入りした時、彼女が大人の枠になったとは思わなかったんですよ。周囲がそう見ていなかったから。同時に〝痛い目〟にも遭ってないというか、遭わないで済むような環境だったことも理由の一つだと思う。

——時間軸が前後しますけど、キッドさんが高校を卒業する前年（2019年）10月にスターダムがブシロード傘下になることが発表されました。

SLK 上の選手たちは前もって小川さんから「こういう話がある」と聞いていたそうですけど、私の場合、**記者会見の直前に小川さんに道場に集められて知らされましたね。**スゴイことだなって思ったし、小川さん、話をまとめたな〜みたいな（笑）。でも、記者会見に関していえば、ただ出席していただけですよね。何も思わなかった（笑）。

——ちなみに、それまで新日本プロレスをはじめ、男子プロレスを観ていたことは？

SLK 正直なところ、新日本プロレスは観たことなくて。男子はドラゴンゲートさんだけですね、観ていたのは。

——そうですよね、何度かドラゴンゲートさんの会場でお見掛けしたことがあります。岩谷選手と一緒だったり……。

SLK （笑）そうですか。新日本プロレスはブシロードグループになってから観戦するようになりました。

——あの記者会見は歴史的なことでしたけど、まさかここまで大きくなるとは……。

SLK 誰も思ってないでしょ（笑）。ぶっちゃけ私自身、**現在のブシロード体制になったからといって何も変わらなかったし、悪い意味でね。**だけど、周囲が変わっていくわけですよ。たとえば、旧体制では満員にならなかった後楽園ホールが連続で満員になったりして、スタッフの方が動いてくださってるんだなって分かりましたし。本当に「スゴイな！」って。その反面、自由が利かなくなったこともあって、組織に入ったんだな〜と思いました。でも、一番、実感したのは私自身は出場していないけど、2020年1月4日の新日本プロレスの東京ドーム大会にスターダムの提供試合があったことですよね。1年前……いや、その数か月前までは考えられなかったことだから。

——そのような感じで順風満帆に思えたブシロード体制のスタートですけど、東京ドーム大会の後から世界はコロナ禍に突入します。

SLK その時も私、新しい体制になったんだなって実感したんですよ。スターダムがプロレス団体として一番最初に興行を中止したじゃないですか？ まだコロナウイルスがどんなものだかハッキリしていなかった時期なのに、**中止という賢明な判断をいち早くするところはスゴイ会社なんだな**

〜って思いましたね。

——ただ、試合ができなくなったフラストレーションはあると思うんです。そして、それ以上にコロナウイルスに対する不安も大きかったと思います。

SLK たしかにそれもあったけど、逆に今までこれほどまでの長期の休みがなかったので。私、まだ高校生だったから学校も休みになって。毎日が何もない日っていうのが初めてだったので、身体のメンテナンスに充てられたこともあって、ありがたく感じる面もありました。ただ、やっぱり、これから社会人になるのに「どうなるのかな？」という不安はあったよね。これは……ちょっと優等生発言になるけど、そんな試合も何もない時でもちゃんと給料を支払ってくださったのは、すごい会社の一員になってるんだなって改めて実感しました。

——今、年齢不詳なのにさりげなく高校卒業のことが出てきましたが……。

SLK （笑）。

——高校を卒業するにあたって進路は就職＝プロレスラーしかなかったんですか？　たとえば大学に行きながらプロレスを続けるとか。

SLK ない！　そもそも勉強が嫌いなんだから（笑）。高校では一応、成績が良かったから指定校推薦を取ろうと思えば取れたんです。だけど、「プロレス一本でやっていきたい」と思ったんですよ。

——お母様はキッド選手が決めた進路についてはどのような意見を？

SLK とくに何も……っていうか、大学に進学したらお金とか大変だからプロレスラーを選んで良かったんじゃないですか？（笑）

——高校生活を送る中でプロレスラーの他にやってみたい職業とかはなかったんですか？

SLK なかったんですよ。だから、私、プロレスがなかったら今、何をしていたんだろうって本気で怖くなる（笑）。まぁ、バイトはしていたのかな？　**私、バイトをしたことがないので、ちょっとはしてみたい気はあるんですよ。**

——だったら、この本の企画で体験してみますか？

SLK いいかもしれない（笑）。バイトしてみたいわ、企画でも。アパレルショップとか……他の社会を知らないですからね。

だからこそタッグのベルトが欲しかったってのもあるかな。

入団してから憧れの存在 岩谷麻優への想い

——考えてみましょう（笑）。話を戻しますけど、2020年春に高校を卒業されて、プロレスラー一本でやっていくことを決めてから心境の変化とかはありましたか？

SLK そのコロナ禍で時間ができたということで改めてジムに通って本格的に肉体改造を始めてみたり……同時に、この時期に星輝（ありさ）さんが引退して……。

——客観的に見ると、星輝選手が抜けたことで中野たむ選手という存在はあるものの、岩谷選手のパートナーといえばスターライト・キッド……という流れになっていったターニングポイントだった時期だと思います。

SLK **岩谷麻優は入団した時の憧れ**

の存在だったわけですよ。ずっと正規軍、今のSTARSとかで一緒に過ごしてきたので、「やっと隣に立てるようになった」という感慨深いものはありましたよ。（鹿島）沙希さん、星輝さん、中野たむと、ずっと入れ替わりで隣にいる人がいて、やっと自分の番だ、みたいな。

――あの当時、岩谷選手に対する想いというのはどのようなものがありましたか？　たとえば、お姉さん的存在とか……。

SLK　プロレスの面では姉なんですけど、プライベートになると立場が逆転する、みたいな。そんな感じでしたね（笑）。一緒にジムに通い始めてプライベートでも一緒にいるようになって、麻優さんと組んでいたMKシスターズに対する意識も変わっていきました。一緒にゴッデス（・オブ・スターダム＝タッグ王座）を巻きたいと思ったし。それまでにもアーティスト（・オブ・スターダム＝6人タッグ王座）も巻きたいと思っていたけど、なかなか叶わなくて。当時、私、シングルよりもタッグの方が好きだったし、**だからこそタッグのベルトが欲しかったってのもあるかな。**

岩谷麻優とのタッグ「MKシスターズ」

――あの当時、いずれSTARSの中で頂点、つまり岩谷選手を超えたいという野望はありましたか？

SLK　STARSの中で岩谷麻優を超えたいというのはなかった。むしろ「超えてはいけない」という想いがあったんですよ。今までのSTARSの中で超えてこようとした人がいなかったのは、それほど岩谷麻優の存在感がデカイものなんだって思っていたんだよね、当時は。

――なるほど、そういう想いを抱いていたと。当時、中野たむ選手もまだSTARSに在籍していて、やはり岩谷選手の隣を狙っていました。それに対してキッド選手はどう思っていましたか？

SLK　中野たむというプロレスラーは……スターダムに参戦しはじめてからいい位置にはずっといるんだけど、なかなか芽の出ない選手、という印象だったんだよね。で、発信力とか自己プロデュース力はスゴイのは分かっていたけど、私にはそこに理解できないこともあって。「なんで毎回、こんなにいろんな人にTwitterで絡んでるんだ？」みたいな（笑）。当時は「麻優さんの隣は私！」という自信があったから、取られたくないもなにも、（たむ選手が）そこに踏み込んでこないだろうと思っていました。

――そういう心境の中でMKシスターズの絆が強固なものになっていったと思いますが、この頃は制限付きではありますが大会も再開しました。コロナ禍の中での試合について伺いますが、たとえばそれまでファンの方の声援の中で闘っていたのが急に無音の中で試合をすることになります。

SLK　**シーンと静まる時間が恐かったです。**反応が分からないから恐くなるし、その静かさによって焦りを感じるんですよ。だから今、スターダムの選手って自分で（観客を）煽りがちじゃないですか？　逆にそれが目に付くようになりました。みんな、同じ煽り方で、みんな同じに見えちゃうっていう。

――逆にコロナ禍でデビューした選手……たとえば天咲光由選手とかは声援を受けるようになると試合運びとかどうなるんでしょうね？

SLK　ねえ？　どうなるんだろ？　でもね、その点に関していえば私も、大きな会場での試合とか、自分がメインをつとめる試合とか、自分にとって大事な試合が増えたのがコロナ禍になってからじゃないですか？

——あぁ、そうですよね。

SLK　歓声を交えての大きな盛り上がりという領域に入ったことがないので、分からないんですよね。これから声出しがOKになって自分の試合でウケた時って、どう思うんでしょうね？　"S・L・K!"コールとか楽しみですよね。

——たしかに。その点についてはキッド選手も未知の領域ですもんね。コロナ禍の始まりと共に試合数が減った分、スターダムのYouTube公式チャンネルでは、いろいろな配信企画が始まりましたが、印象深い企画はありますか？

SLK　なんかメッチャ昔のことのようだな〜。いろいろやったよね。STARSのメンバー同士で各自宅から配信したり。あと、布マスク作りとか……私、不器用なんですよ。

——試合を見ている限り、そうとは思えません。器用なイメージがありますよね。

SLK　って言われるんだけど、不器用で裁縫とか苦手なんですよ。絵も描けないし、料理もほとんどできないし（笑）。

——この本の企画で、そういった苦手なものにチャレンジします？

SLK　イヤです！（笑）

生え抜きだから抱く
移籍組への複雑な感情

——分かりました（笑）。話を戻しますけど、2020年の夏頃からスターダムのリングに新しい選手、いわゆる移籍組と言われる選手たちの参戦が急激に増えてきました。

SLK　私自身、スターダム生え抜き以外の選手と対戦することがなかったので、当初は移籍組の参戦は良い刺激になるかなって思っていましたね。ただ、くる選手、くる選手が目立つ立ち位置にいるので「じゃあ、ウチら、今まで何のためにがんばってきたの？」という気持ちでしたよね。とくにドンナ・デル・モンド（DDM）にはすごく感じました。

——その後、『NEW BLOOD』や『SHOWCASE』といった大会が始まり、他団体、それこそ地方団体やインディー団体の選手がスターダムのリングに上がることになります。

SLK　正直なことをいえば、スターダムって鎖国状態だったじゃないですか？　それが急にどうしたの？　そう思ったし、本音をいえば誰でも上がれるリングにしたくはなかった。まぁ、スターダムの本興行と『NEW BLOOD』は別と考えてやるしかないと思ってるけどね。でも、スターダム一強というのは女子プロレス界にとっては良くないことであるのも事実だし、そう考えると良い刺激ではあるかな？　まぁ、**ある程度、そこそこできるヤツを呼んでほしいけどね、礼儀も含めて（苦笑）。**

——たとえば、AZM選手のようにずっとスターダムで紡いできた試合とジュリア選手のように外からきて我が物顔で振る舞っている選手との試合では、自身の中での熱さ、熱量って違いますか？

SLK　違いますね！　とくにジュリアに関してはマスクを裂かれた怒りもありますけど、2021年は女子プロレス大賞を取った直後で、思いたくないけど、ジュリアの年だったので、なんだろうな……外の人にスターダムを持っていかれたという気持ちはありました。

2021年2月13日（後楽園ホール）における白いベルト戦で、チャンピオンのジュリアはSLKのマスクを破る暴挙に出た。

敵は移籍組だけじゃなくて、生え抜きにだっているわけだし

——今、"外の人"というワードが出ましたけど、今後、生え抜きvs移籍組といった抗争もありえるのではないかと？　そうなると大江戸隊とSTARSが手を組むこともあるかもしれませんか？

SLK　大江戸隊のSLKとしてSTARSと組むのは難しいかもしれないけれど、スターダムのスターライト・キッドとしてならば、他のユニットの生え抜き選手と組むことはなくはないかな？　でも、その抗争があったとして、自分が関わることにどれだけメリットがあるかによるけどね（ニヤリ）。敵は移籍組だけじゃなくて、生え抜きにだっているわけだし。

——そう思うキッカケがあったと？

SLK　その2020年に私、初めて上谷（沙弥）に負けているんですよ。それがすごい悔しくて……アクロバティックでダンスができる自分に似たところがある、そんな新人にパートナーの誤爆が原因とはいえ、その場飛びシューティングスタープレスで負けた**自分がすごく情けなくて悔しくて。**

——その感情の点と点が線になったのが2022年7月9日の立川大会ですか？　上谷選手に負けて泣き叫んで感情をあらわにしたことが印象的だったのですが、それは彼女に対する気持ちが変わっていなかったからですか？

SLK　うん、大江戸隊に入ってハイスピードを取って、スターダム内をかき回して、自分にすごく自信があったからね。そんな自分がまた上谷に負けたことが許せなかった。悔しかった。私が大江戸隊入りする前の5★GPやシンデレラトーナメントでも上谷に負けて精神的にボロボロになって。悩んで、どうしていいか分からなくて、初めて団体以外の人に相談したほどで。それで、そこから大人の意見を聞くようにしたんですね。

——それまでは？

SLK　私は私だしって無視してたし、それ以前に意見を聞こうとも思っていなかった。ホント、しょうがないヤツですね（笑）。それが2020年の秋頃だったかな？　STARSからコズエンが独立するしないがあって、たむたちと抗争するようになってから意識が変わったんですよ。

——それに、この時期、事実上のSTARSのナンバー2になったことも存在感が増した要因だと思うんですね。

SLK　でも、それって人がいなくなった結果だからね。星輝さんが引退したり沙希さんが大江戸隊に行って、STARSのメンバーが少なかったからでしょ。私の下には飯田で、ゴキゲンさん（現：フキゲンさん）と羽南は不定期参戦だったから、常に稼働していたのは3人（岩谷・キッド・飯田）ですからね。自分の実力でのナンバー2ではなかったし。だけど、自分の上は岩谷麻優しかいなくて、そこで距離が縮まったのも事実ですね。

——そして、そういった状況の中で徐々にスターライト・キッドという選手の存在感が大きくなっていったと思います。

SLK　コズエンとの試合に加えて、2021年2月の例のジュリアにマスクを裂かれた白いベルトの試合以降、タイトルマッチが急激に増えたことも大きいと思うんですよ。白いベルトに対しても欲が出てきたし、（その当時）一番、目立っている選手からベルトを奪えば一気に駆け上がれるって思えるようになったんです。

——その結果、ベルト奪取はならなかったもののジュリア選手よりも目立つ試合になりました。

SLK　そもそも、あの試合までマスクに手をかけられたことはあっても引き裂かれることは、あの時が初めてで……。それまでジュリアのことは、何をしてくるかわからない奴と思ってたけど、私との接点はなかったじゃないですか？　向こうは私を「生え抜きで初めて向かってきた奴」という感じで見てたらしいけど、どんな試合になるか想像できなかったんですよ。

——マスクを引き裂かれた瞬間にまず思ったことは？

SLK　この時、ジュリアは中野たむと髪切りマッチをやることが決まっていて、それに対する当てつけだったじゃないですか？　ハサミでマスクのボアの部分を切ったりして。それが悔しくて。そっちに話題をもっていかれたのもシャクだし。ただ、あの試合で私に対する見方が変わったのも事実ですよね。それまでスピード重視の選手と見られていたけど、**白いベルト戦だから闘い方を変えたんですよ。パワー**

たぶん、優等生のままだったら悲壮感しかなかった（笑）。

もありますよ、みたいな。それで負けたけど、もしかしたら自分に求められているのは、あの日のジュリア戦で見せた闘い方なのかもって気付かされたんですよね。

――個人的には初めてスターライト・キッドという個の感情が表れた試合だったのかなって思います。それまでの優等生キャラ、岩谷麻優の秘書、みたいなイメージを覆したというか……。それがマスクを裂かれたことで隠していた虎の牙が見えた、みたいな。

SLK ですよね。みんな、そう思うでしょうね。でも、それが本当の私の部分だったのかもしれないし、新しい自分であったし、自分の知らない自分が出たっていうのかな？

――結果論になるのですが、あのジュリア戦を経て後に大江戸隊入りしたのと、優等生的な感じのままでの大江戸隊入りではイメージが違っていましたよね。

SLK **たぶん、優等生のままだったら悲壮感しかなかった（笑）。**お客さんも「キッちゃん、かわいそう」で終わってたんじゃないかな？

――改めてジュリア選手に思うことは？

SLK マスクに手をかけるのはイラッとするけれど、スイッチを入れられたのもたしかなことだし。お互いの感情がぶつかりあって新しいものが生み出されるのは面白い関係になったのかな。それまでジュリアに対しては、「なんだよ、ふざけんなよ！」って思っていた。ノコノコとスターダムにきて、1年で全部かっさらっていって。でも、**闘ってみてわかったのは、その中で努力があって、あそこまでのし上がったってことだった。**今のままではダメなんだって気付かされたあの試合が、私の中でのターニングポイントになっていて……言いたくはないけど、マジで言いたくないことだけど……ジュリアには感謝してますね。

――もしもの話、ですよ。あの最初のジュリア戦の後にマスクと髪の毛を懸けて闘えと挑発されていたらどうしていました？

SLK あの時の感情的にか……（しばし熟考して）やってないですよ、絶対に。スターダム唯一のマスクウーマンである自分を大切にしていきたいし、あの一試合だけでジュリアとそこまで賭けてやる気持ちになれていなかったから。絶対にやる気はないけれど、仮に、仮に、ですよ？ そういう試合をやるとしたら、相手にどれだけ自分と関係性があるのか？ 自分にとってのメリット、話題性も含め。ポイントはそういう部分かなと思いますね。そのくらいマスクには執着があるし、現段階では脱ぐ気は一切ないですね。

――マスクの話題が続いてしまいますが、マスクウーマンならではの苦悩もあると思います。

SLK 苦悩かぁ……まぁ、暑いとか、肌荒れとかニキビができやすい、音が聞こえにくい……その程度かな。

――以前、売店に立たれていた時にファンの方のお話を何回も聞き返していた姿を見たことがあります。

SLK うん、聞こえないんですよ。とくに試合後とかね。あと、マスクって、けっこうかさばって荷物になるんですよ（笑）。それにご飯も食べられないし、なんといっても自分の下が見えないくらい、視界が狭い！

――次から次へと苦労が出てきますけど、メリットはプライベートと分けられること？

SLK そこはたしかに大きいけれど、私、SNSでほとんど素顔を出しているようなものじゃないですか？ 鼻だけ死守してるけど（笑）。**マスクウーマンってミステリアスなイメージがあるけど、そこは一切なしで自由にマスクを楽しんでいます。**

10周年イヤーに待ち受けていたユニット強制移動

――マスクウーマンならではの苦労話を聞いたところで再び試合の話に戻りますけど、そのジュリア戦の後に武道館大会があったわけですが、日本武道館という会場はいかがでしたか？

SLK 試合はランブル戦でしたけど、リング上に人が多すぎて自分もわけわかんなくて……。そういう大舞台で注目カードに入れなかった自分に悔しさはありましたね。でも、逆にプラスに捉えれば、井上京子さんとかファン時代に観ていた選手たちと関われる機会ってめったにないので、そこでしかできない経験を積めたと思います。スペシャルな空間でしたよね。
――それこそお母様はNEOのファンだったわけですし。
SLK　そうなんですよ。母も感慨深いっていう（笑）。ただ、やっぱり、**記念すべき10周年の大会のメインに生え抜きがいなかったというのは悔しかった。**
――その武道館大会直後からSTARSと大江戸隊の抗争が激化していくわけですけど。
SLK　それがさらなるターニングポイントになるなんて当初はもちろん思っていなかったですよ。敗者強制ユニット移動マッチで、まず、ゴキゲンさんが移籍することになったじゃないですか？
――結果としてはフキゲンさんになりました。そして、そのフキゲンさんを取り戻すべく同じルールでのリマッチ（2021年6月12日大田区大会）に臨んだところキッド選手が負けました。
SLK　そうですね。今、あの試合を振り返っても……なんだろ？　まず、試合直前まではゴキゲンさんを奪還することしか考えていなかったわけですよ。つまり、STARSの誰もが大江戸隊に加入するなんてことは考えていなかったわけで。
――ルールとしては勝ち抜けで最後に残って負けた選手が強制移動でした。
SLK　それなのに、ゴキゲンさん……いや、その時はもうフキゲンさんになってたけど中盤で両者リングアウトでしたっけ？　それで消えて「え？どうなんの？」みたいな（苦笑）。大江戸隊で残ったのはナツコと沙希さんだったから、どちらかがSTARS入りの可能性もあったわけですよ。
――どっちのSTARS入りを狙いました？
SLK　**絵的にはナツコをSTARSに入れるのが面白かったんでしょうけど（笑）。**そんなことを考えている余裕なんてないですからね。それで結局、私が最後に負けて大江戸隊入りが決定したけど……あの時、何を思ったのかな？　覚えていないというか、言葉も出てこなかったし、私はヒールとは無縁だと思っていたし……。
――それこそ岩谷選手が著書で「私とキッドは一生ベビーの選手」といったことを書いていたんですよ。
SLK　そういう存在でしたからね。STARSのマスコット的な立場だったし、お客さんもほとんどが「前回負

2021年6月12日（大田区総合体育館）、大江戸隊との敗者ユニット移籍マッチに敗北。これがブレイクのきっかけになった。

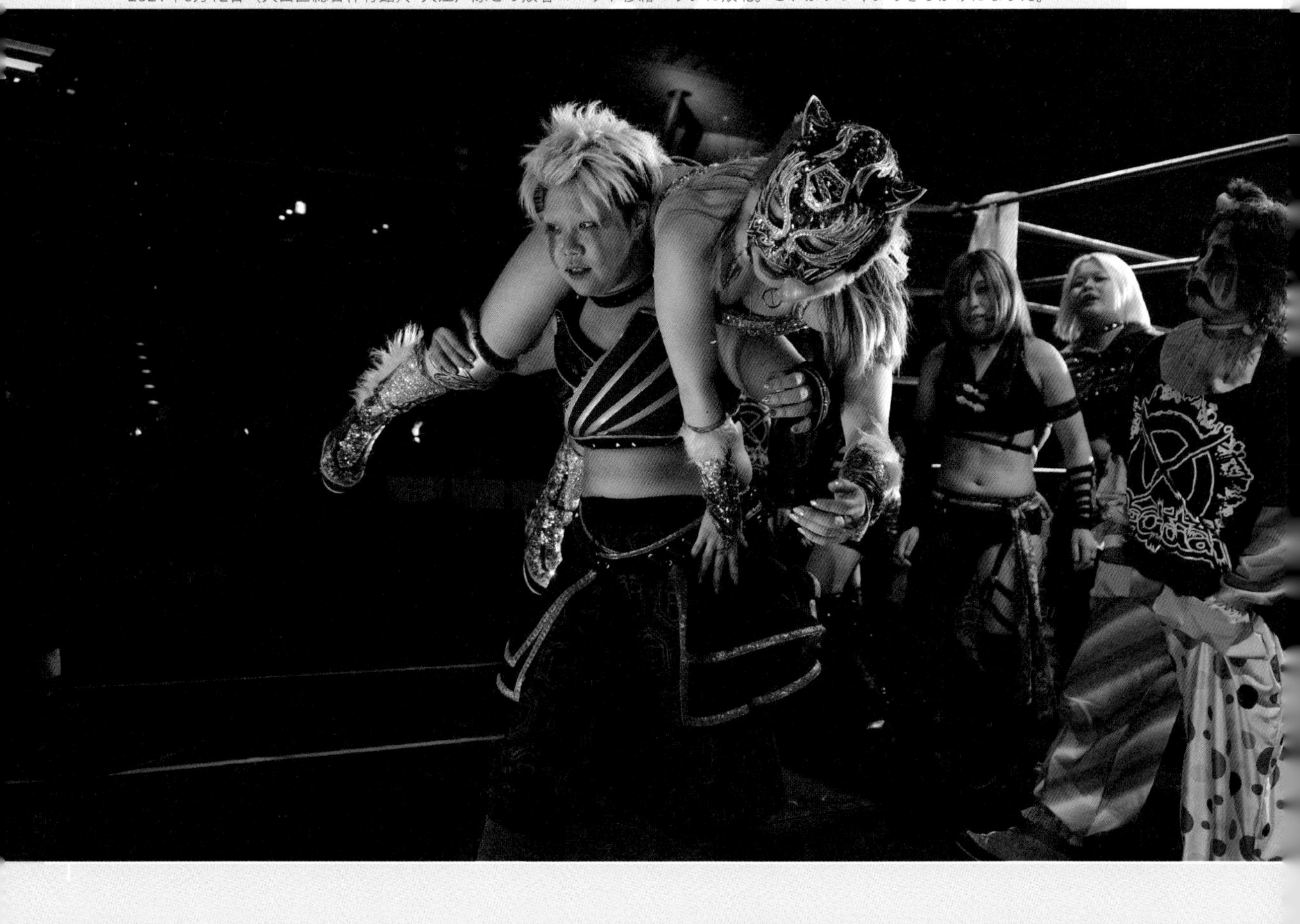

けているし、今回はやり返すだろう」って予想していたと思うんです。そんな中で私が大江戸隊入りですからね、言葉なんて出てこないですよ。

——さて、望まなかった大江戸隊加入でしたけど、どこの時点で覚悟が出てきましたか？

SLK　負けた試合の後がたしか静岡大会だったのかな。戸惑いしかありませんよね。心はまだSTARSにあって、でも、身体は大江戸隊にある、みたいな。大江戸隊に入ってからの数試合は「なんでこんな状況になってるんだろ？」と思いながら試合をしていました。**好きなことができないプロレスなんて、やっている意味がないよね？** そんな気持ちでリングに立っていましたね。しかも、相手がSTARSで、あんな複雑な気持ちで闘ったのは初めてでした。それまで同門対決はあったんですけどね。

——でも、すでに同門ではないわけで。

SLK　そうなんだけど、気持ちは同門だったし、（STARSに）戻りたいと思いながら試合をこなすだけという……。だけど、試合を重ねていくうちに、現実を叩きつけられていくうちに、ルールで移動した以上、自由には戻れないという覚悟みたいなものが生まれて。で、**ずっと気持ちがどっちつかずの状態で試合をしていても私のファンの人たちも付いてこれないだろうし、私が意志を固めないとダメだろうって。**それに……ナツコに投げられた言葉の一つ一つが刺さって。

——ナツコ選手の言葉は、インタビューでもバックステージコメントでも的を射たものばかりですよね。

SLK　だからこそ刺さるというか。あとは、それまで対角にいたから分からなかった大江戸隊のリーダーとして裏で活動するナツコの姿を見て……意外な発見が多かったんですよ。そんな姿を見て、それでも一番大切なのは私が意思を固めなくてはならない。じゃないと何も変わらないってことで。そのためには状況を変えないといけないと思ったし。

——そんな時にリング上で黒いマスクを渡されました。

SLK　あのマスクは私の背中を押す形になりましたね。新しい自分になら

2021年7月4日、初めて黒いマスクで入場！　あまりの変貌ぶりに客席はどよめきに包まれた。

好きなことができないプロレスなんて、やっている意味がないよね？

なきゃダメだろうって。ナツコが私のことを考えてくれているんだって、素直に受け取れました。

——とはいえ、7月17日にSTARS復帰の機会がやってきます。岩谷選手が大江戸隊と1対5のハンディキャップマッチを行い、全勝したのでキッド選手はSTARSに戻れることになりました。しかし、それを拒否したのは？

SLK **私のためにわざわざ大きなリスクを背負って闘った岩谷麻優に対しても揺らぐ心はもちろんあった。**セコンドで見ていて、岩谷麻優が勝ったことはスゴイと思ったけれど、逆にそこまで強い岩谷麻優を見せられたら私が戻ったところでSTARSにいた頃と何も変わらないなって一番に思って。それだったら、その結果を逆に自分のチャンスに変えるしかないって気持ちになったんですよ。STARSの中で岩谷麻優を超えるのも良かったかもしれないけど、一番気持ちが入るのは一番分かりやすい構図で対角に立つことだったんですよ。

——今、思ったのですが、大江戸隊入りしてからの話となると〝麻優さん〟ではなく、〝岩谷麻優〟呼ばわりになっていますよね。

SLK そういう存在になったんでしょうね。もちろん、大好きなことは変わりませんよ、岩谷麻優を。対角でも尊敬しているところもあるし。だけど、岩谷麻優の中では「キッドは私を超えてこないだろう」という考えが絶対にあったと思うので、その壁をブチ壊してやろうって。私を一番のライバルだって思わせるぐらいの相手になってやりましょうって。岩谷麻優のライバルといえば、今まで紫雷イオ、花月といった選手がいましたけど、私がその上をいこうって気持ちですね。

「ここで変わらなければ…」闇堕ちからの快進撃

——そういう気持ちも固まって、コスチュームも変わって、いわゆる〝闇堕ち〟をしたわけですが、自分の中で何が変わりましたか？

SLK 入場テーマもマスクの下のメイクも何から何まで変わったけど、一番は自分の心中ですね。プロレスに対する意欲です。闇堕ちしてからは「ここで変わらなければ私は終わり」という気持ちもあって、**コスチュームも入場テーマも全部、自己プロデュースするようになりました。**それってプロレスに対する意欲ですよね。

——今の入場テーマに変わってから世界観が変わりましたよね。キッちゃんと呼ばれていた可愛いイメージの選手が、こんなにかっこよかったんだという驚きはありました。その反面、それまで応援してきたファンの方が離れる不安はありませんでしたか？

SLK その時の私は変わることしか選択肢がなかったわけだし、それについてこれるヤツだけ付いてこい！ その気持ちしかなかった。でも、SNSとか見たら「そっちのほうがいい！」という声が大きかった。インパクトを残せたし、私の勝ちだって思いましたね、フフフ。

——闇堕ちしてからの快進撃に合わすようにしてスターダムの大会の規模も大きくなっていきました。

SLK **自分の世界観をより作りやすくなりましたよ。**私、マスクやコスチュームもビッグマッチ映えする仕様にしているので。やはり、入場から魅せたいじゃないですか？ そこを意識しているので大会場でのビッグマッチは気持ちいいですね。

——逆に今、昔みたいに新木場1st RINGのような会場で試合したらどうなるのでしょうね？

SLK あぁ、新木場でもやりたいですよ。それは、懐かしいとかではなく、**どんな会場でも私の世界観を作り出せる自信があるからですけど。**ファンの方にとっても、その距離感は嬉しいでしょうし。私もそういう距離感を大切にしたいから。大きな会場でやれるようになったけど、すべてにおいてファンの方にとって遠い存在になってしまうのも、なんだかな〜という疑問があるし。たぶん、その思いは昔からスターダムにいる選手たちはそう思ってるんじゃないですか？

——大会場の極みとして東京ドームでの試合も経験しました。

SLK 正直なところ、私、出れるとは思ってなかったんですよね。何度も話してきたことだけど、自分がそこまでトップに行こうと思ってなかったから。だから東京ドームは頭になかった

あのステージから見る東京ドームは最高でした。

けど、そりゃあ出れるものなら出たいという気持ちもあって。あと、すでに大江戸隊に入っていて、他のユニットの選手と組むのは難しいと思っていた。

——そんな状況で組むことになったのが、まさかの岩谷麻優選手です。

SLK　こういう時にMKシスターズか、エモいな……って。本心は変わってないから嬉しかったですよ。でも、特別な時だけでいいかなって、MKシスターズは……というのが東京ドームの感想ですね。

——空間としての東京ドームはいかがでしたか？

SLK　照明で周囲が見えないんですよ。だけど、拍手とかの圧や伝わる時差で広さは感じるし、何よりも入場ゲートですよね。花道が長い長い（笑）。だけど、**あのステージから見る東京ドームは最高でした。**何度でも経験したいと思ったし、その景色を大江戸隊のみんなと見てみたいし、何よりもスターダムとして進出したくなりました。

——今の勢いならば、それも夢ではないと思うんですね。たとえば、キッド選手も何度も専門誌の表紙に登場するだけではなく、地上波のテレビや一般誌でも取り上げられるようになっています。

SLK　専門誌の単独表紙なんて夢の夢だったし、嬉しかったですよ。**とくにマスクウーマンで初めての単独表紙でしたからね。**一般メディアにおいても、出れるところは全部出たいですよ。いろんなことに挑戦したいんですよ、テレビのバラエティ番組とか。いろいろな方にスターダムに興味を持ってもらえればいいなって。それでスターダムがさらに大きな存在になればいいし、私にはこのマスクという武器がありますからね。

——たしかに一般番組に出たとしても目立ちますからね。

SLK　人目には付きやすいし、先日の新日本プロレスさんとの合同興行を行った際も、女子プロレスを観ないお客さんにも興味をもってもらいやすかったでしょうし、新しいファンには突き刺さりやすいのかな～と思っています。あとはプロレスにおいては男子を超えたいですよね。女子が下に見られる時代を変えたいって思っています。

——ただ、現実としては大会の規模や動員数、総選挙の結果などを鑑みると、ほとんどの男子団体を超えていると思うんですね。

SLK　スターダムの上にいるのは新日本プロレスだけだと分かっています。スターダムの選手としては、いつか新日本プロレスを超えたいですよ。だけど、私個人の意見としては新日本プロレスとスターダムが男女の一強になってしまうと面白くないかなって思っていて。それはプロレス界全体を盛り上げるという意味では、もっと他の団体と抗争し合ったほうが面白いですし、私としてもやりがいを感じるのでオールスター戦とか復活させたいですよね。一強というのは良くないかなと思うんです。

——このような意見が出たところで今後のスターライト・キッド選手の目標などを聞きたいのですが。

SLK　女子プロレスでナンバー1になったマスクウーマンはいないので、そこを目指すことと、**マスクウーマンとしての〝初めて〟をたくさん獲得したいですよね。**そのうえで岩谷麻優のライバルになれれば理想だし、ライバルはいっぱいいていいと思っているから、私も探り探りで見つけていくし。私の対角にきてくれる人がいてくれればいいなって。

——海外進出に関しては？

SLK　興味はありますよ、もちろん。いろいろな人から「キッドはアメリカのファンに受けるよ」って言われていますしね。その反応も見てみたいし、自分がどれだけ知られているのかは興味があります。でも、それはスターダムとして行くのは大歓迎ってことで。前のアメリカツアーの時、私、学生で行けなかったから。っていうか、海外、いまだに行ったことがなくて。パスポートは用意してるんだけど（笑）。でも、英語ができないからな～……スターダムとしてパッケージで行ったり、短期で行くのはアリだけど完全移籍は考えていないです。ま、声がかかったらわからないけど、フフフ。

——今年でキャリア8年になりますけど、もちろん、まだまだ先のことでしょうけれど引退を意識することはありますか？

SLK　今は一切ない！

――たとえば、プライベートのことも関わってくると思うんですよ、この先々。

SLK　**寿引退とか？（笑）**そうだな～、まだ年齢的に周囲の同世代の友達が結婚しているってことが無くて、結婚願望とか無いから今の私には心配の無いことだね、寿引退は。でも、引退って〝いつ〟の問題ではないですよね。私生活に支障をきたすようになったら身を引くし。やっぱり、ケガを重ねて歩けなくなるとかはイヤだから。納得できない動きをするようなダサイこともしたくないから、自分の思うようなスターライト・キッドでいられなくなったら、じゃないですか？

――最後の質問になりますが、スターライト・キッドはいつまでも闇堕ちしたままですか？

SLK　それは昔の姿に戻るってこと？　それとも次のステップに行くこと？

――両方のパターンを含めてです。

SLK　**まず、以前の〝ギッちゃん〟って呼ばれていたスタイルには戻らないだろうな～。**仮に、仮にだけどSTARSに戻ったとしても、あの頃の可愛らしさはなくなってるでしょう。それで、次のステップに行くとしても、それは自分が今の立場をやり切ったと感じたらじゃないかな。でも、それはいつになるかわからないし。それに大江戸隊なので何が起こるか分からないですよ？　追放される可能性だって大いにあるじゃん（笑）。

――その可能性は大江戸隊メンバー全員にありますよね（笑）。

SLK　その時になるまでわからないけど……自分のユニットも作ってみたい。それが実現したら今のスターライト・キッドではないスタイルの私が見れるかもしれないし。実は入場曲に関しても大江戸隊移動が決まる直前にSTARSとしてのスターライト・キッドの新曲を用意してたんです。私好みの洋楽テイストの曲なんだけど、新しいスタイルになる時にはその曲を披露したいって気持ちはあります。お蔵入りはもったいないから（笑）。いずれにしても楽しみにしといてねって感じかな。とにかく、私にはプロレスしかないですから。

デビューから闇堕ちまで… SLKの歴史が分かる

スターライト・キッド ヒストリー

デビュー当初はマスコット的な存在だったSLKもキャリアを重ねるごとに強く、逞しくなっていった。タイトル歴を中心に、そのプロレス人生を振り返る。

2015

プロレスデビュー

2015年10月11日、米山香織、渡辺桃との3WAYバトルでデビュー。勝敗には絡まなかったが、大技のデジャヴを繰り出すなど、印象的なデビューを飾った。

初勝利！

2015年12月23日、後楽園ホール大会で先輩のAZMから初勝利を飾る。2人のライバル物語はデビュー1年目から始まっていたのだ。

2016

長期欠場

2016年6月16日の後楽園ホール大会を最後に約1年の欠場に入る。上写真は欠場前のラストマッチ。欠場の理由については、本書ロングインタビューを参照。

2017

復帰！

2017年6月11日の新木場1stRing大会のタッグマッチで復帰。対戦相手は、復帰に向けて支えてくれたAZM＆ルアカだった（パートナーはエッサ）。

2018

初タイトル獲得！

2018年3月28日の後楽園ホール大会で、トーナメントを勝ち抜き、新設されたフューチャー・オブ・スターダムの初代王者に輝く（同王座は5度防衛）。

2020

MK☆Sisters結成

2020年10月より始まったタッグマッチの祭典「GODDESSES OF STARDOM」で岩谷麻優と組み、MK☆Sistersを結成。

ゴッデス王座獲得！

2022年3月26日の両国国技館大会で渡辺桃と組み、コグマ＆葉月組から、ゴッデス・オブ・スターダム選手権を奪取。タッグチャンピオンに輝いた（同王座は１度防衛）。

大江戸隊に強制加入！

2021年6月12日、大田区総合体育館大会で行われた大江戸隊との敗者強制加入マッチに敗北。大江戸隊に移籍することに。

アーティスト王座獲得！

2022年5月28日の大田区総合体育館大会で、なつぽい＆ひめか＆舞華組に勝利し、アーティスト・オブ・スターダム王座を獲得（防衛5度）。

ハイスピード王座獲得！

2021年8月29日のベルサール汐留大会で、王者なつぽいからハイスピード王座を奪取。8度目の挑戦で巻いた悲願のベルトだった（同王座は5度防衛）。

東京ドームで試合！

2022年1月5日、念願叶って新日本プロレス・東京ドーム大会に出場。岩谷麻優と組み、中野たむ＆上谷沙弥と闘った。

◀久々のタッグだったが、ドームのファンを唸らせる好連携を連発。

2021

2022

2023

闇堕ち“黒虎”誕生！

2021年7月4日の横浜武道館大会、黒のマスク、コスチューム、新入場曲で登場。闇堕ち“黒虎”が誕生した。

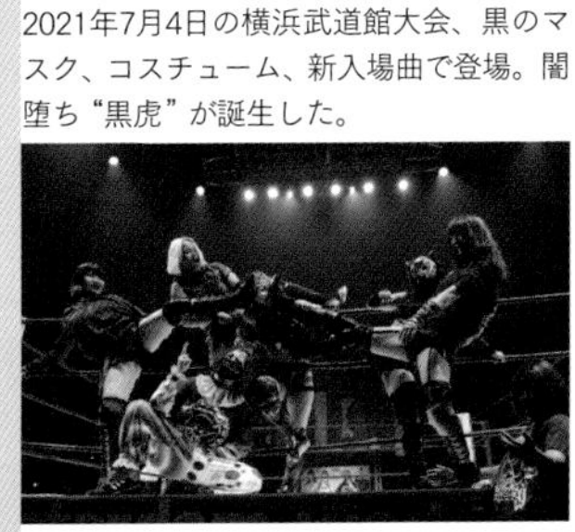

初タイトル獲得！

2023年3月25日のNEW BLOOD Premium 横浜武道館大会で、トーナメントを制し、初代NEW BLOODタッグ王座を獲得（パートナーはKARMA）。

プロレスカメラマン 大川昇
SLK写真館

SLKのマスクのプロデュースも行っている元『週刊ゴング』のカメラマン・大川昇氏。
プロレスカメラマンとして活動する大川氏が、デビュー以来撮り続けてきた
スターライト・キッドの勇姿の中から厳選された写真をお届けしよう。

Oedotai

REFEREE

TARS

hoju
hoju

因縁のマスク剥ぎから宿命のライバル対決まで…

ベストマッチ5選！

2015年のデビュー以来、数多くの闘いを経験してきたスターライト・キッド。
ユニットの強制移動をかけた大江戸隊との激闘、
白熱するタイトルマッチなど、ファンにとって思い出の試合はたくさんあるが、
ここではスターライト・キッド自身が思い入れがあるという
5試合を発表。本人のコメントで振り返るSLKのベストマッチとは!?

BEST MATCH 1 | ワンダー・オブ・スターダム選手権試合 30分1本勝負（後楽園ホール） | 2021.2.13

VSジュリア

〈王者〉ジュリア　20分23秒、グロリアスドライバー→体固め〈挑戦者〉スターライト・キッド

初めてワンダーに挑戦&後楽園シングルメインに立った大きな試合。
この試合でプロレスに対する考え方が大きく変わった。
この試合が私のターニングポイントになったかな！（SLK）

BEST MATCH 2 | ハイスピード選手権試合 30分1本勝負（ベルサール汐留） | 2021.8.29

VSなつぽい

〈挑戦者〉スターライト・キッド　16分59秒、スター・スープレックス・ホールド　〈王者〉なつぽい

４年間かけて８度目の挑戦でようやくハイスピードのベルトを巻くことができた試合。
試合後は嬉しさと悔しさが入り交じった感情だったな〜。
あと、なつぽいとは何度でもシングルマッチをしたいと思った。（SLK）

BEST MATCH 3

ハイスピード選手権試合
30分1本勝負（アオーレ長岡）

2022.2.23

VS AZM

〈挑戦者〉AZM　17分3秒、ヌメロ・ウノ　〈王者〉スターライト・キッド

ベルトを落としておいてこんなことを言ったらなんかアレかもしれないけど、この試合は世界的にも反響を呼んだし、この負けは決して“マイナス”ではなかったんじゃないかと（悔しさはもちろんあるが）。この試合を通して更にウチらの闘い、シングルマッチの価値が上がったんじゃない？　SLKとAZMの闘いは永遠不滅！（SLK）

BEST MATCH 4

6人タッグマッチ
30分1本勝負（後楽園ホール）

2022.4.15

VS 野崎渚＆彩羽匠＆SAKI

○SLK＆雪妃魔矢＆尾崎魔弓　29分31秒、Eternal foe→片エビ固め　野崎渚＆彩羽匠＆●SAKI

後楽園ホール還暦祭のメインイベントでSLKが3カウントを取って、歴史に残る大会の主役をかっさらったとんでもない試合!!　普段は試合することがない選手たちとの試合で新鮮だったし、スターダムから唯一私だけがメインに選ばれたことも嬉しかった。そして週プロ単独表紙も頂いちゃったぜ！（SLK）

BEST MATCH 5

ワンダー・オブ・スターダム選手権試合
30分1本勝負（立川ステージガーデン）

2022.7.9

VS 上谷沙弥

〈王者〉上谷沙弥　23分35秒、フェニックス・スプラッシュ→片エビ固め〈挑戦者〉スターライト・キッド

自信に溢れてた私が1番負けたくない相手にまた負けてドン底に落とされた試合。
試合後も感情が収まらなくて大爆発してしまった…。本当は思い出したくないくらい悔しい。
だけどそういう意味で記憶に残る試合だから選んだ。白いベルトは必ず巻いてやるからな!!（SLK）

\ 連続写真で見る! /

SLK得意技図鑑

スターライト・キッドの魅力のひとつに、多彩な技の数々がある。
華麗な飛び技から強力フィニッシュホールドまで、SLKの得意技を紹介しよう。

Eternal foe《エターナル・フォー》

コーナーに立った相手を右腕で捕らえ、そのまま一緒に後方宙がえりをし、体重を浴びせながらマットに叩きつける大技。技名の“Eternal foe”は「永遠の敵」という意味。

黒虎天罰《こっこてんばつ》

ボディスラムの形で相手を抱え上げて、頭から叩きつける変形ツームストン・パイルドライバー。「5★STAR GP 2021」における同門の鹿島沙希戦で初披露した。

黒虎脚殺《こっこきゃくさつ》

上谷沙弥が保持するワンダー・オブ・スターダム王座挑戦時の秘策として開発された変形のストレッチマフラー。相手の右脚と首を同時に極める拷問技だ。

STARLIGHT KID

SIGNATURE MOVE

スター・スープレックス・ホールド

背後から左手で相手の右腕を固めて投げる変形のタイガー・スープレックス・ホールド。

モモ☆ラッチ

全日本女子プロレスで活躍した中西百恵のオリジナル技。高角度後方回転エビ固めの体勢から身体をひねり、前方回転エビ固めを極める。

ムーンサルト・プレス

リングを背にしてコーナーポストに立ち、後方宙がえりをしてマットに横たわった相手に身体を浴びせる。SLKのムーンサルト・プレスは空中姿勢の美しさに定評がある。

その他の得意技

オリジナルの変形フィッシャーマンズ・スープレックス「キッチャーマン」（下左）やその場飛びムーンサルト・プレス（下左から２番目）、619（右）などの得意技も持つ。

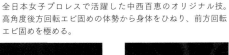

“極秘会議”に大潜入！

特別座談会

大江戸隊の

季節が徐々に春めいてきた某月某日、取材陣はスターライト・キッド選手より呼び出しを受けた。訪れたのは都内の某繁華街にある一軒のうらぶれたバー。ここでこれから行われる大江戸隊の極秘会議を取材させてくれるというのである。

スターライト・キッド（以下　SLK）　今回は私のスタイルブックの企画で、大江戸隊の極秘作戦会議を特別公開してやろうってことなんだけど。その前に私の第一印象ってどうだった？

刀羅ナツコ（以下　ナツコ）　第一印象？　それは○○○○○の？

SLK　それは私の本名やん！（笑）琉悪夏と吏南は同期で練習生時代からだけど、沙希は……。

鹿島沙希（以下　鹿島）　練習生の時に会ってるっけ？

SLK　おそらく復帰の挨拶の時……スーツ姿で登場した新木場で「はじめまして」だったと思います。

鹿島　覚えとらん（笑）。でも、「若っ！」って思った。

渡辺桃（以下　桃）　私のキッドの第一印象は「非常識なヤツ」。練習生の時、私の同期の美邑弘海（引退）のことをLINEの連絡網で〝ヒロちゃん〟呼ばわりしていて。美邑は先輩なのに、なんて非常識なヤツなんだと（笑）。

SLK　それ、覚えてる（笑）。あれは練習の時に本人から「ヒロちゃんって呼んでね！」って言われたの！

「ヒロちゃんでいいんだ」って自分でそのまま解釈しちゃって、LINEでもヒロちゃんって（苦笑）。

一同（爆笑）

桃　そういうのがあって、先輩から怒られていたって印象が強いかな。

鹿島　怒られたってウケる（笑）。

琉悪夏　私は……あまり覚えてないけど、運動神経はいいな～ってイメージ。

鹿島　私も前所属ユニットで一緒だった時に運動神経の良さに驚いた。

吏南　私は同期だけど先に練習生になっていて、初めて一緒に練習をやった時はマジで「なんでもできる人」って思った。教えてもらったらスグにできるっていう感じで。

SLK　私、優等生じゃん（笑）。

ナツコ　先輩を「ヒロちゃん」呼ばわりするけどな（笑）。

吏南　でも、回り受け身はイマイチだったよね。私は柔道やってたから受け身には自信があったから、「こいつ、受け身はできねえな」って（笑）。

SLK　ひで～よ！（笑）そういう風に思ってたんだ……。

ナツコ　私はキッドがまだ中学生の時に会ったのが最初だったからさ、良くも悪くも子どもだな～って印象。ただ、一回、休業して帰ってきたら、ずいぶん大人になってるなって思わされたね。考え方とか発言が丸一年でしっかりしていて、ちょっとは成長したなって。

SLK　ちょっとかよ！

桃　あ～、戻ってきてからは、少しは他人に配慮できるようになってたよね。

フキゲンです★（以下　フキゲン）　デースデースデス！

鹿島　「可愛いと思った」って言ってるよ。

SLK　この先も通訳お願いします（笑）。それで、一昨年の夏に私が大江戸隊に加入したわけだけど……どこが変わったかな？

ナツコ　積極性だよね。あとは発言力かな。発信力は

STARSにいた頃からあったけど、あのユニットにいたら尖ったことは言えないじゃん？　大江戸隊だったらそのリミッターを外せるし、それがあったから発信力に発言力が加わって良くなったんじゃね？

SLK　たしかに発信力はあったけど意欲的なところはなかったからね、以前は。

ナツコ　なんでなかったの？　何やっても無駄って思ってたんじゃない？

SLK　（苦笑）何やっても無駄とは思ってないけど、当時は自分のキャラを守んなきゃって思ってた。

ナツコ　それだよね。ベビーフェイスだとファンが勝手に「このコはこんなことは言わない」とかイメージを付けちゃうから、たぶん窮屈だったと思うよ。

鹿島&桃&吏南&琉悪夏　たしかに！

ナツコ　と、元ベビーフェイスの皆さんが申しております（笑）。

桃　っていうかさ、いまだに言われね？　もともとベビーフェイスだったから「本当はいい人なんでしょ？」みたいな。うるせーって！

SLK　それ、ホントにウザい！

フキゲン　デース！

鹿島　ウザいデース！　って言ってる。

SLK　さて、最近のスターダムについてだけど、どうやって攻略していこうか？

鹿島　攻略云々の前にさ、会社に対してだけど、ちょっと前のことだけどさ、公式のプロフィール写真、ヒドくてさ、「変えろ!」っていってるのになかなか対応しないしさ〜。

桃　会社っていえば最近、敷居が低くないか？　誰でも上がれるようになってるじゃん？

SLK　それは生え抜きしかいない大江戸隊だから言えることだよね。外からポンポン入ってきて……女子プロレス全体としたらいいかもしれないけど、ただウチらは思う部分はあるよってことだよね。

ナツコ　あとはハードコア戦をやり過ぎだろ（ニヤリ）。

SLK　試合に対する一つ一つのテーマ性が軽くなってるのは感じるよね。

琉悪夏　話題が多すぎるよね。

SLK　でも、生え抜きじゃないヤツで「こいつ、本当は大江戸隊向きなんじゃね？」ってヤツもいるよね。

鹿島　それはヒール向きってこと？

SLK　うん。たとえば、この本が出る時には引退しているけど、ひめかとか。

琉悪夏　イエーイ！

吏南　琉悪夏はいつも「ひめか、かわいい」って言ってるしね（笑）。

SLK　顔面偏差値の良さもそうだけど、実は、ひめかってリング上のマイクで言うことがキツイじゃん？　会見でのコメントでも突き刺す言葉が多いんだよ。

桃　バックステージコメントもキツイこと言う時あるよな。

SLK　そう！　私、一回、リング上でマイクでやり合った時にブッ刺してくる言葉が多かったの。あ、コイツをテキに回したらダルいわ〜って思った。

ナツコ　声の低さもあるからドスッって感じがするよな。でも、無理だろ、周囲から「かわいい」って言わ

渡辺 桃

［ワタナベ・モモ］身長／157cm　体重／60kg　2000年3月22日生まれ。神奈川県出身。2014年11月16日デビュー。得意技：ピーチ・サンダー、ピーチ・サンライズ。大江戸隊でブラックピーチに生まれ変わる！

鹿島沙希

［カシマ・サキ］身長／163cm　体重／50kg　1993年5月5日生まれ。島根県出身。2011年6月26日デビュー。得意技：起死回生、マイエンブレム。2020年1月3日にＳＴＡＲＳを裏切り衝撃の大江戸隊入り！

刀羅ナツコ

［トウラ・ナツコ］身長／154cm　体重／75kg　1991年1月30日生まれ。神奈川県出身。2016年10月30日デビュー。得意技：デスバレーボム、ダイビングギロチンドロップ。大江戸隊の第５代目リーダー。

れることに悦を感じてるんだろうからな。嫌われる自信もないだろ。

ＳＬＫ　嫌われる自信か……それは必要だよね。あと、大江戸隊に必要なことって何かな？

ナツコ　自分で考える力、だろ。私、リーダーだけど皆に「ああして」とか「こうして」とか言わないじゃん。大江戸隊であることを忘れなければ別に何をしてもいいって放任しているのは、そこから自分で「こういうことをしよう！」、「こういうキャラでやっていこう」ってところは任せてるからね。だから考える力がないヤツは大江戸隊では無理だろ。

ＳＬＫ　だから私もこの欲望が開花したんだよ、フフフ。縛りがない分、自由にやれるから、ここまでこれたんだよね。

ナツコ　だから、私は凶器に関しても「こういうの使ったら？」とか一切言わないじゃん？　でも、自分で考えて使っているから、それが個性になっているんじゃないの？

琉悪夏　私のボックスもそうだしね。

フキゲン　デス、トースポデース！

鹿島　私の東スポも自分で考えた、って言ってるよ。

ＳＬＫ　これからどんな凶器を導入しようか？

ナツコ　それも皆に任せるよ。別に持たなくていいっていうんだったら持たなくていいし。

ＳＬＫ　なるほどね～。そういうところが大江戸隊の強さだよね。さて、今後の大江戸隊をどうしていこうか？

琉悪夏　全ユニット、外敵と全面抗争したいよね。

吏南

［リナ］身長／163㎝　体重／53㎏
2006年12月28日生まれ。栃木県出身。2018年10月13日デビュー。得意技：Pink♥Devil、ハイドレンジア。羽南、妃南による南三姉妹の次女。現役高校生という、リアルJKファイター。

琉悪夏

［ルアカ］身長／164㎝　体重／80㎏
2004年8月16日生まれ。東京都出身。2016年11月20日デビュー。得意技：冷凍庫爆弾、ボックス攻撃。SLKと同期でその巨体を活かした冷凍庫爆弾のインパクトは大！

フキゲンです★

［フキゲンデス★］身長・体重・生年月日・出身地はすべて不明。ユニット強制移籍マッチで敗れて2021年4月4日に大江戸隊入り。リーダー刀羅ナツコによってゴキゲンです☆よりフキゲンです★に改名させられる。

SLK　意識するユニットや外敵は？　私は実はない。今のSTARSやコズエンに魅力を感じないから。

琉悪夏　たしかにね。そう考えるとスターダムのユニットってよりも外敵になるけど……高橋奈七永！　ネオスターダムアーミーだっけ？　高橋奈七永しか知らんし、高橋奈七永しか見てないから他に誰がいるか知らんけど。高橋奈七永は潰す！

桃　私はどうでもいいやってヤツばかりかな～。あ、時々出てくる死神の正体は気になる。

ナツコ　そっち？（笑）

吏南　自分は他団体の同世代の選手ともっと闘いたいなって思ってる。でも、レベルは違うのが明確になるだけですけどね。他の団体の同世代とはやってきたことが違うって自信はあるんで。

一同　おぉ、すげ～！

ナツコ　私はクイーンズ・クエストだな。

SLK　お、意外だ。なんでQQなの？

ナツコ　QQは桃が裏切ってこっちにきてくれたじゃん？　だから、崩壊させられるかな～って。ただ、Qとやり合っていた時、自分は欠場中だったけど、抗争が頂点に達する前に終わっちゃったからな……。

SLK　うちらが潰し過ぎちゃったんだよ（笑）

鹿島　なんかシュンっとしちゃった（笑）

桃　アイツら、そういうヤツらなんだよ。

ナツコ　元リーダーが言うだけに説得力がすごいな～（ニヤニヤ）。今のQQは誰が欲しいってわけじゃなく、中途半端なままだからキッチリとケリをつけようぜ、ってこと。

鹿島　自分は気になる人ってまったくいないね、他団体には。それにスターダム内だと同期にあたる選手もいないんだよね……だから気になるヤツはいない。
ナツコ　え？　あの人は？　しゅ……。
鹿島　いや、あの人はいいです（キッパリ）。
一同　（笑）
鹿島　いや、あの人と闘うのはいやだし、できることならば避けたいので意識はしないようにしてるから、関わりはもちたくないな。
ナツコ　でも、沙希以外に倒せる人がいないのも事実じゃん。
SLK　……っていうか、もしかして、アダルトメンバーは酒が回ってきている？
桃　けっこうね……。
鹿島　酔ってきたかもしれない（ニヤリ）。
SLK　なんかヤバイこと言われそうだな〜……。
桃　そういえばキッドに言いたいことがあるんだけど。
SLK　な、なに？
桃　バクステのコメントが長い！
ナツコ　酔いに任せたガチめの指摘だ！（笑）
SLK　言いたいことを全部詰めるとまとまらなくて（苦笑）。
桃　キッドの後だとコメント出しにくくてさ……。
SLK　そこは反省してるし、毎回、「すいません！」って思ってるって！
ナツコ　ホントかよ？（苦笑）
琉悪夏　でも、連絡事項とか率先してやってくれるのはありがたい。
ナツコ　基本的にリーダーの私がやらないからね。キッドがいないと何も伝わらないこともある（笑）。あと、SNSをマメに発信してくれているのもありがたい。
吏南　大江戸隊の新グッズ情報とかSNSを見て「あ、出るんだ」ってこと多々ある！
桃　スケージュールも把握しているから一週間の予定はキッドに聞けばバッチリだし。
SLK　なんとなく悪いことは言われない流れになってきた（笑）。
ナツコ　あと各ユニットのリーダーが揃ってメディアに出演しなきゃいけない時、私はそういうところに行くのがイヤなんで、代わりに行ってくれるのは助かる。
SLK　大江戸隊のSLKとしての役割だろうね、そこは。
鹿島　大江戸隊の広報だね。
桃　そういうマメなところもすごいけど、キッドは記憶力もエグいよね。「あの日の試合は、ああだったよね」って事細かに覚えてるじゃん？
SLK　たしかに、そういうところはあるな〜。
琉悪夏　巡業とかで地方に泊まる時に夜ご飯とか一緒に行くことがよくあるけど、基本的にはくだらないことしか話してないけどね、キッドとは。
鹿島　ヤング大江戸隊はそういう時、何話すの？
SLK　たいてい推し話ですね。
吏南　あと吏南はそういう時にずっと、好きな人ができないという相談をしてます（笑）。あ、でも推しの話は沙希ともするよね？
鹿島　するする！　あと格闘技の話ね。
ナツコ　沙希と吏南は格闘技が好きだしね。
鹿島　なんか学校みたいなノリだよね、大江戸隊って。
ナツコ　たしかに一週間に必ず一回は会っているし、そういうノリになってくるかもね。
鹿島　仕事終わりに「ご飯行く？」ってのが、放課後SLK　に「カラオケ行く？」みたいな感じだし（笑）。
SLK　そろそろ時間がないからまとめるけど……。
フキゲン　デース、デース！
鹿島　さすが仕切るのが上手いです、って言ってる。
SLK　じゃあ、仕切ってまとめるよ。今後、大江戸隊としてどんな存在になっていきたい？　いろいろな方向に行けるよね、今の大江戸隊は。琉悪夏と吏南がいるからフューチャーも狙えるし。
ナツコ　他のユニットよりも未来があるよな。この環境で鍛えられている分、5年後、10年後が楽しみってことも大江戸隊の魅力じゃね？　大江戸隊って歴史が長い分、過去と比べられることもあるし、これからもそれはつきまとってくることだけど、〝今のメンバーだからできる大江戸隊〟っていうものをずっと作っていくべきかなって。どんな時でも今が一番いいのが大江戸隊だから。
鹿島　最後に名言きたね〜。
桃　見事に締まったね。
ナツコ　キッドの本なのに最後、おいしいところ持って行ってスマン（笑）。
SLK　さすがリーダー！　ってことで、これからも大江戸隊が最強でしょ！

どんなときでも今が一番いいのが、大江戸隊

大江戸隊リーダー
刀羅ナツコ

こだわってます!

STARLIGHT KID マスク大解剖

SLKのマスクにはマニアも唸るこだわりが盛りだくさん。ここでは2023年4月23日の横浜アリーナ大会に向けて製作された「スペシャルマスク」を解剖してみよう!

5つのこだわりポイント

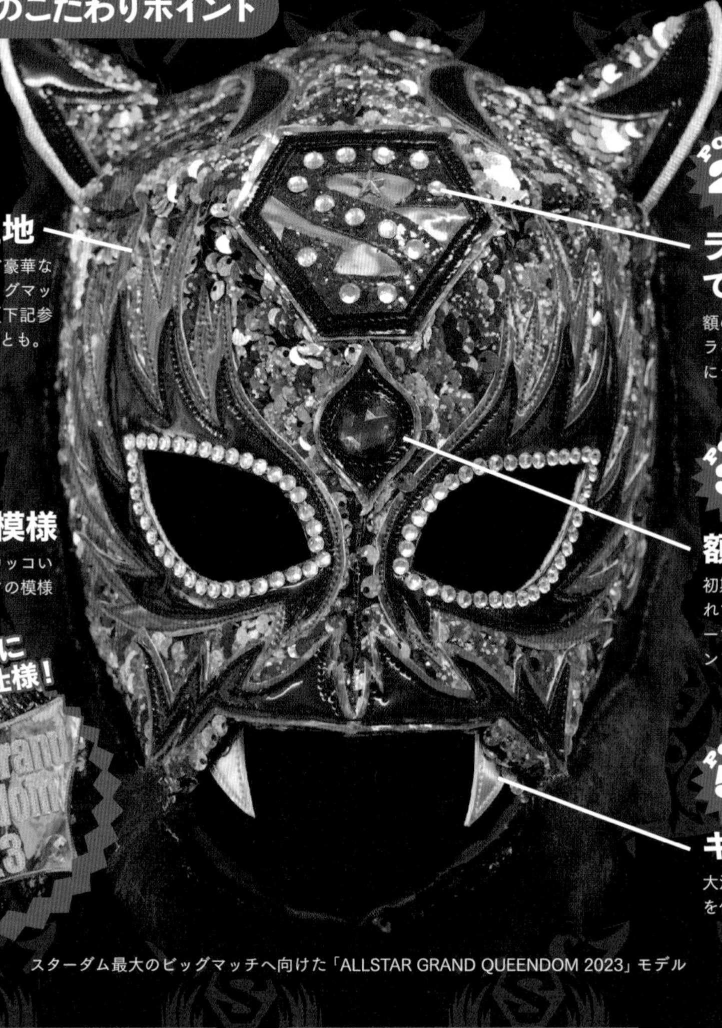

POINT 1

豪華な生地

スパンコールなど豪華な生地を使用。ビッグマッチでは特殊生地(下記参照)を使用することも。

POINT 2

ラインストーンで華やかに

額のマークや目元などはラインストーンで鮮やかにデコレーション。

POINT 4

バックの模様

後ろから見てもカッコいいように、バックの模様にもこだわる。

POINT 3

額にはランプ

初期は "KID" の文字を入れていたが、初代タイガーマスクをヒントに、ランプをつけた。

バックも大会に合わせた特別仕様!

POINT 5

キバ

大江戸隊に加入後にキバを付けるようになった。

スターダム最大のビッグマッチへ向けた「ALLSTAR GRAND QUEENDOM 2023」モデル

2WAY スパンコール仕様

このマスクは、レインボーと銀の2WAYスパンコール仕様。軽く触るだけで写真のように、レインボーから銀へと見た目が変化する。

マスク遍歴

完成形

デビュー戦

2015.10.11（後楽園）

初"赤ランプ"

2021.1.17（後楽園.
vs中野たむ）

大江戸隊加入直後

大江戸隊×STARSハーフ

初の"黒虎"仕様

口元のキバが少し大きい

2nd"黒虎"仕様

キバを小さく変更

闇堕ち"黒虎"で入場用オーバーマスク誕生

闇堕ち“黒虎”となってから、入場パフォーマンスとして被り始めたオーバーマスクは、「黒虎」モデル（通常時、下左から２番目の写真）&「黒虎x獣神」モデル（シングルのタイトルマッチなど限定、下右から２番目の写真）の基本2種がある。

デスペラードコラボ仕様

1st黒虎モデル。2021.7.31（横浜武道館）vsジュリア

1st「黒虎×獣神」モデル、2021.8.29（汐留）vsなつぽい（ハイスピード選手権）

「SHOWCASE」「NEW BLOOD」の２ブランド限定で額「十字架+S」仕様

バックデザイン

「STARS」仕様

「NEW BLOODタッグ王座」仕様

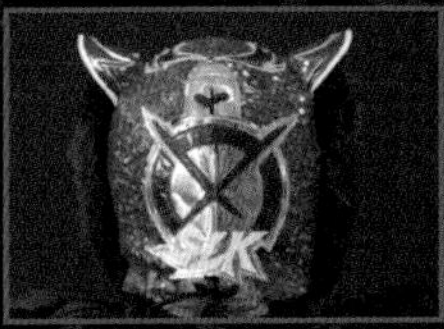

「大江戸隊×SLK」仕様

「"寅年" タイガーマスク」仕様

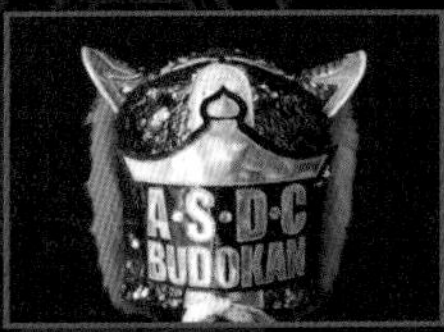

「2021.3.3日本武道館」仕様

「ハロウィン×SLK」仕様

マスクの後ろのデザインは、対戦相手、タイトルマッチ、大会名など様々なデザインを取り入れる。

額のマークのデザイン

「スターライト・キッド」トレード仕様

「フューチャー・オブ・スターダム」仕様

「アーティスト・オブ・スターダム」仕様

「ワンダー・オブ・スターダム」仕様

「2023年・賀正」仕様

「2023年・バレンタイン」仕様

額のデザインは、通常「S」、タイトルマッチ時は「ベルト」のデザイン、対戦カードにより「大江戸隊」のロゴ、「SHOWCASE」「NEW BLOOD」は、別ブランド扱いで「十字架+S」。対戦相手やパートナーのイメージカラーを取り入れる。

STARLIGHT KID
マスクコレクション

2015年にマスクウーマンとしてデビューをしたスターライト・キッド。
これまで数多く製作してきたマスクの中からお気に入りのものを集めました。
SLKマスクコレクション、ご覧ください！

2015.10-2019.03

2019.03-2021.03

SK COLLECTION

2021.04-2022.05

STARLIGHT KID MA

2022.06-2022.09

SK COLLECTION

2022.09-2023.01

STARLIGHT KID MA

2023.02〜

INTERVIEW

SLKのマスクをすべて手がける マスク職人 オオヤさん

キッドさんのマスクを作るときに心掛けているのは、とにかく〝ファビュラス〟であるということです。

「すばらしい」とか、「優れている」みたいな意味の言葉ですが、プロレス界でファビュラスというと、一癖あるカッコいいイメージがありますよね。いまのキッドさんは、まさに〝ファビュラス〟な存在。その魅力がアップするお手伝いができるように、特殊な生地や凝ったデザイン、華やかなデコレーションを取り入れて、可愛らしくゴージャスになるように工夫しています。

もうひとつ心掛けているのが、リングで一番カッコよくなるように作ることです。マスクが輝くのは、リング上でライトを浴びているとき。お客さんからどう見えるかということをいつも意識して作っていますね。

ご存知の方もいるかもしれませんが、実はキッドさんは毎試合、マスクを変えています。普通なら使わない素材を使用しているので、何試合も被っているとラインストーンなどのデコレーションが持たないんですね。

最近は試合も増えてきたので作り手としては正直、大変なときもあります。一度に複数のマスクを製作するので一概には言えませんが、デザインを考えて生地を断裁し、縫い合わせて1枚のマスクを完成させるまで約2日。本音を言えば3日あるとありがたいのですが、そこはまあ、長年の経験と技術でカバーしている状況です（笑）。

でも、作り手冥利に尽きるのが、そうやって作ったマスクを、キッドさんがとても上手く被ってくれるんです。マスクは顎ヒモで調整する仕組みになっているんですが、目の位置や高さをいつも見事に合わせてくれる。色味を除けば基本的なデザインは一緒なのに、キッドさんが被るとまったく違ったマスクに見える。演出するのがとても上手なんですね。

大江戸隊に移ってからのキッドさんは何度も週刊プロレスの表紙になっています。嬉しいのが、その度にサインをして僕に週プロをプレゼントしてくれること。これからもキッドさんの期待に応えられるよう、マスク作りに励んでいきます。

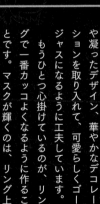

オフショット
～マスク編～

今回、試合やお仕事中のマスク姿のオフショット写真もお願いしちゃいました♪　どの試合で使ったマスクかわかるアナタはSLKマニアに認定します!?
「ま、当てても何も賞品は出ないけどな！」(by SLK)

クリスマスver!!

かわいいSLKトナカイはいかがでしょうか？

正月ver!!

闇堕ちしててもやっぱり正月は紅白でキマリだろ！

大好き!!

ルイスブランのチョコレートサンド最高！

アワード!

2022年のアワードは敢闘賞だったけど今年はMVP狙うぞ！

新しい相棒!

ハードコアマッチだからプロミネンスの意表をついてやったぜ！

マスクをチェック!

今日もキマってる！

あしかがフラワーパーク!

真冬の中禅寺湖!

この本のロケ地の日光でも何種類かのマスクを初出ししたよ！

兄から妹へ味の伝承!?

ならず者料理教室に入門!

SLKは意外にも（?）「不器用っす！」とのことで家事系のアレコレが苦手らしい。「とくに料理が……」と困ったところに登場したのが“プロレス界の兄”として慕う新日本プロレスのエル・デスペラード選手。プロレス界きっての料理名人として知られる兄から妹へ、“ならず者の味”を伝授する料理教室がここに実現！

玉子焼き編

材料

卵、サラダ油、砂糖、塩、みりん……すべて適量であるが、今回は卵を3個使用。SLKの「甘い玉子焼きが好み」という要望を受けてのレシピなので砂糖を使用していますが、味は各自の好みで調整を！

エル・デスペラード

2014年1月5日、新日本プロレスに出現した謎のマスクマン。身長、体重、生年月日、出身地は不明。得意技はピンチェ・ロコ、ヌメロ・ドス、ギターラ・デ・アンヘルなど。音楽などサブカルチャー方面にも詳しい。

△材料などを確認してついに兄から妹への味の伝承がスタート！

▷「料理のひとつまみは三本指でつまむんだよ」（デスペラード）

◁「殻が混入するんです」（SLK）「そういう時は面で割って」（デスペラード）

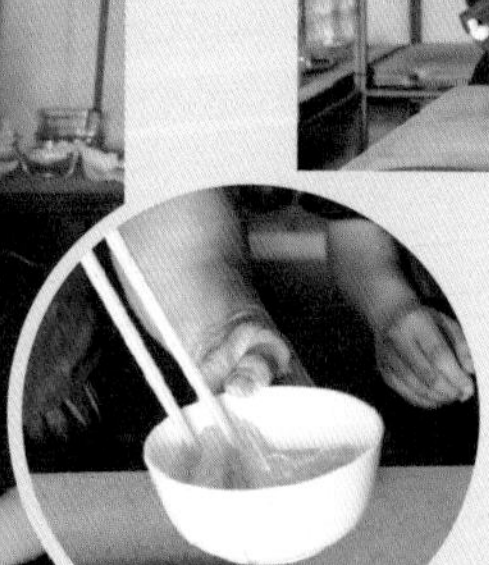

◁「玉子焼きはね、卵をあまり泡立てないことがポイント。箸をボールの底につけて混ぜてね」（デスペ）…さすが達人！

△玉子焼き専用フライパンに恐る恐る卵を流し入れるSLK

◁△いよいよ焼き工程。薄く卵を焼いたら手前に丸め、空いたスペースに油をひき、そこに再び卵を流し入れ焼くの繰り返しに「むずっ！」（SLK）

▷▽何度かトライしているうちにスムーズに。兄も「上手いね～」と感心。

▽▷SLKのこのマスクの下のドヤ顔を見よ！「もちろんデスぺっちのおかげだって分かってますよ…」

完成！

本書インタビューでも告白しているが、「私、不器用で料理とかもほとんどしない」というSLK。

そこに登場したのは、兄と慕うエル・デスペラード選手。正体不明のため詳細は書けないが、その昔、飲食店で働いていた経験もあるとか。プロレス界きっての料理の達人と名高い兄が、妹に味の伝承をすることになった。ちなみに自前のエプロンは「親会社のライバル（苦笑）」な作品のものである。

今回のメニューは二つ。一つは料理の基本ともいえる『玉子焼き』である。基本ゆえ奥が深い玉子焼き作りに、早くも「私にできる？」と困惑気味のSLK。

卵を割る際に「私、割ると殻が（卵液に）入るんだよね……」と嘆く妹に「そういう時は器の縁ではなく、平らなところで割ればいい」と的確なアドバイスを伝授する兄。その口ぶりは、リングの上のならず者とはうってかわって、優しいお兄さんそのものである。その後も卵の混ぜ方から「中火の弱火で」といった火加減、焼きながらキレイに巻くコツを伝授するデスペラード兄さんであった。

さらに「菜箸で膨らみを潰しながら焼くと表面がきれいになるよ」などの的確な指示が続き、妹SLKはまたたく間にコツをつかんでいく。そのセンスはさすがということなのでしょう。そして見事に玉子焼きが完成！

ブルスケッタ編

△◁まずはパプリカにオリーブオイルをかけてオーブンへ。表面が黒く焦げるまで焼きますが「時間がかかるので一番最初にやっておこう！」（デスペ）

△素材によって切り方も違う…ということを妹に伝授する兄

材料

ニンニク、パプリカ、クリームチーズ、生ハム、ミニトマト、バゲット、アンチョビ、オリーブオイル、赤ワイン、バルサミコ酢、写真には写っていないけれどグリーンリーフ…すべて適量。

▷ニンニクを刻むSLKであるが調理台が高く…背伸びがキュート!?

△焦がさないようにという指令に「緊張するんですけど…」とSLK

◁「まな板は下に濡れた布を敷くとズレにくいよ」と裏技を伝授する兄

二品目はイタリア料理の前菜の定番の『ブルスケッタ』。今回は生ハムとクリームチーズのブルスケッタとアンチョビとパプリカのブルスケッタの二種を作るという。

まずパプリカを表面が焦げるまでオーブンで焼き、その間に他のソースを作っていく。ニンニク刻みを任された妹は「普段、チューブのやつしか使わないし～」と早くも苦戦。そんな妹に、兄は「いや、チューブを使うのもアリ。だって便利じゃん！」と、ならず者とは思えぬ柔軟性を見せる。ちなみに、兄は「ニンニクを刻んで指についたニオイだけで飯を食える！」と豪語するほどのニンニク好きとのこと。今回もたっぷり使用します。

ニンニクとアンチョビをオリーブオイルで熱して、油に香りが移ったらニンニクを取り除き、焼いたパプリカと和え、トーストしたバゲットに載せると至極の逸品が完成！

もう一つの生ハムとクリームチーズのブルスケッタにかけるソースは、バルサミコ酢と赤ワインをトロトロになるまで煮詰める。「本当はバルサミコ酢だけで作りたいけど予算がね～（苦笑）」と兄。制作陣にも、ならず者らしからぬ優しい一面を見せてくれるのであった。

そうこうしているうちについに完成！　優しい兄から妹への味の伝承も終えて、また一つ〝デキる女〟になったスターライト・キッド。別れ際に「デスペっち、また作ってね！」って、おいおい、自分で作りましょうよ……。

△「この厚さで大丈夫？」と兄に聞きながら恐る恐るバゲットを切るSLK

△つまみ食いしてるところを激写。「見られちゃった…」(SLK)

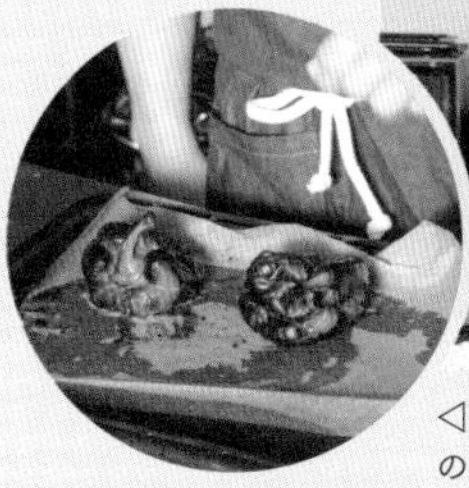

◁△今回の難関工程の一つがパプリカの皮むき。「とにかく熱っ！」(SLK)

▽▷オリーブオイルにニンニクの香りを移す工程はジックリ根気が必要なのです

完成！

▽バルサミコ酢を煮詰めつつワインを飲む兄に「もう飲んでる(笑)」と妹

△兄のグリーンリーフを刻む手際の良さに妹はひたすら感心するのみ

▽兄のならず者らしからぬ細かな盛り付けに一生懸命ついていこうとする妹

▽仕上げを兄に任せ自撮りする妹…おいおい、サボらずに手伝いなさいって！

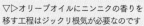

ならず者料理教室
写真館

Pako's kitchen

スターライト・キッド
チャレンジ企画

闘魂SHOP新人バイトの木戸です!?

新人バイトの木戸です!? さまざまな職業を経験したい欲望を満たすためにSLKが一日バイトを決行？

さまざまな職業を経験したい欲望を満たすためにSLKが一日バイトを決行？
プロレスファンにおなじみのお店で働いてみました！

中学生時代からプロレスラーとして活動をしてきたSLK。それゆえに「プロレス以外のお仕事をしたことがないし、バイトをしてみたい」という欲望があるらしい。そんな噂を聞きつけて「だったら、やっちゃえばいいんじゃないの〜？」ということで、アノ人気店に一日バイト入店が決定！

そのお店とは新日本プロレスのオフィシャルグッズ専門店としておなじみの『闘魂SHOP 水道橋店』さん！ コチラに新人バイトとして潜入することになったSLK。しかも、その素性を隠すためにキッド……ではなく、〝木戸さん〟と名乗り、働かせていただくことになりました！

新人バイトということで、まずは11時の開店の前に店内清掃から。ショーケースのガラスを拭いたり、モップで床を掃除したり……。「これだけでも少し汗ばんできた（苦笑）」とSLK。まだ始まったばかりですよ!?

さらに棚の商品の在庫をチェックしながら整理も担当。「上を小さいサイズにして下の方に大きなサイズを置くんですね！」と先輩スタッフのアドバイスを素直に聞いて準備完了！ ま、途中、「デスペっち（エル・デスペラード選手）のTシャツ、かわいい〜！」と商品に見入っていましたけどね……この調子で大丈夫なのか？ と、いうことで、いよいよ闘魂ショップの開店で〜す！

まずは清掃から！

新人バイトの木戸は、まずは開店前の清掃を担当。モップ掛けの腰が引けている気がするけど……。ショーケースのガラス拭きはなかなかの腕前でピカピカになりました！　幸先の良いスタートで御満悦のSLKでした。

商品整理！

新日本プロレスの人気アイテムがズラリということで「デスぺっちのTシャツだ!?」とか「かわいい～！」とSLKも大興奮。いや、整理してほしいのですが……。もちろん時間内にキチンとやり遂げましたよ！

企画にご協力いただいたのは…闘魂SHOP水道橋店

住所：東京都千代田区神田三崎町3-3-20　VORT水道橋 II 1F
JR総武線「水道橋駅」下車徒歩1分　Tel：03-3511-9901
営業時間：11:00 ～ 20:00年中無休(年末年始を除く)
今回、多大なるご協力をしていただいた闘魂SHOP水道橋店は人気の新日本プロレスのオフィシャルグッズがズラリ！　後楽園ホールからも近いので観戦前に寄ればテンションもアップ！　店舗限定グッズもありますよ！

途中、より多くのお客様に足を運んでいただこうとアルバイトしていることをツイートした瞬間から大反響に。足を運んでくださったお客様、本当にありがとうございました。

お客様がいないと週プロを読んだり、仕事道具で遊んだりとサボりはじめた新人バイトの木戸。もちろん、企画のためのサービスショットであり、「ちゃんと働いたからね！」と直訴するSLKなのでした。

SLK……いや、新人バイト木戸の担当は商品の袋詰めとお客様へのお渡し。「ありがとうございました！」とニッコリ渡して大変よくできました！　そして時間がきて初めてのバイトは終了！　おつかれさまでした。

午前11時。いよいよ闘魂SHOP水道橋店のオープン！　平日なので穏やかなスタートとなり、ホッとするSLK。

「だっていきなり忙しかったらパニックですよ〜」という言い分はわかります。しかし、アタフタするところを見てみたいという性格の悪い本書スタッフはTwitterでバイトをしていることを告知するように指示出し。ま、それ以前に徐々にお店もにぎわってきて新人バイト・木戸さんも忙しくなってきました。

ちなみに木戸さんはレジ担当の先輩スタッフの横で商品を袋に詰めてお客様に手渡す係。お渡しする時の「ありがとうございます」の声もちゃんと出ていて、なかなか良い感じ。しかも、お客様の誰一人として木戸を新人バイトだと信じ切っているようである。SLKだとは気付いていない状況の中、黙々と業務をこなしていくうちにシフト終了の時間に。僅かな時間でしたが、スターライト・キッド初の異業種体験は大成功！

「初めての経験だからドキドキしたけれど、楽しかった！　今度は新日本プロレスさんの後楽園大会の試合前の忙しい時間に働いてみたいですね！　社会勉強できました！」

ちなみに闘魂SHOP新人バイト・木戸の次回のシフトは未定ですが、本人はやる気満々なのでどこかで現れるかも!?　新人バイトの木戸さん、お疲れさまでした！

闘魂SHOPオススメ商品

■ライオンマーク クラシック ラグランTシャツ（レッド）
販売価格　3,000円(税込み)
1978年から選手が着用する新日本プロレスの象徴"赤ラグランTシャツ"。 伝統のデザインを守りつつ、よりきやすいように裾の形状をラウンドカットに変更。

■新日本プロレス・フレグランス
販売価格　650円(税込み)
闘魂SHOP水道橋店限定のフレグランス。ローズウッドが香る甘くスパイシーな「ライオンマーク」、シトラスが爽やかな「BULLET CLUB」の2種類がある。

師弟対談!!

スターライト・キッド × 風香

（元スターダムＧＭ）

スターライト・キッドを語る上で、絶対に外すことができないのが、師匠の風香さんの存在だ。ＧＭ（ゼネラルマネージャー）として、スターライト・キッドを育てあげた風香さん。その目には新人時代のＳＬＫ、そして現在の闇堕ちして活躍する姿はどのように映っているのか。師弟対談をお届けします！

履歴書にあったモデルの文字　実物を見てビックリ!!

SLK　お久しぶりです！

風香　久しぶりだね〜！

SLK　今日は私のキャリア初期のお話をお聞きしたいなと思うんですが、実は入門当初のことはあまり覚えていなくて……。

風香　え？　キッドが忘れることあるんだ？　記憶力、めちゃくちゃいいじゃん？

SLK　記憶力はいいほうなんですけど、忘れていることも多くて（苦笑）。まず、私の第一印象って、いかがでした？

風香　キッドは7期生じゃない？　7期生ってキッズが多くて、正直、いっぱいいる中の一人という印象だったかな。入門したのは、7期生の中でも早かったよね？

SLK　（羽南、吏南、妃南の）三姉妹の次でしたね。私の後に琉悪夏とかが入ってきました。

風香　で、キッドは履歴書を送ってくれたんだよね？

SLK　はい、風香さんに会場とかでスカウトされる〝風香さんシステム〟を知らなかったので（笑）。

風香　履歴書にモデル系のお仕事を目指している的なことが書いてあって、私の中でモデルさんというと背が高くてスラッとしているイメージだったからさぁ……。

SLK　そうしたら私がきたと。（笑）

風香　うん。「え？　ちっちゃい子どもじゃん！」って（笑）。でも、動いたら運動神経がめちゃくちゃ良くて。トランポリンで遊んでいる映像を送ってくれたんだけど、それがめっちゃすごかったんだよね。

SLK　あ〜、送りましたね、動画を。

風香　私が勝手に一人で盛り上がって、小川さんに「この子を早くデビューさせたい」って推したのは今でもハッキリ覚えてるよ。キッドは私のこと、知ってたの？

SLK　はい！　私は基本的にNEOしか観ていなかったんですが、風香さんも出場されていたので。風香さんの第一印象は、蹴りが強烈で「アイドルレスラーで強い！」でした。夏樹（☆たいよう）さんとの試合が印象的でいまでも覚えています。

風香　嬉しい！　でも、私の試合を観ていた子を教えてプロレスラーにするなんて、不思議というか……。

SLK　練習生の時に教わったこと、今でも活かしてますよ。私以外にもAZMとか風香さんに教わった選手はそうだと思います。「風香さんとの練習の時はこれをやっていたよな」、「こんな時、風香さんはこうしていたよな」みたいに。あとはトレーニングを見てあげた時は、一声ずつ声をかけるとか。

風香　やっぱり、入ってきたばかりの頃って不安じゃん？　だから、練習の時に良いところをピックアップして、「ここは良かったよ」とか声をかけるようにしていたんだ。それをやってくれているのは嬉しいな。ちなみに私の練習でキツかったことってある？

SLK　最初の頃は腹筋がまったくダメだったので、キツかったです。でも、一番イヤだったのは『1分半』ですね！（編集スタッフに）これはプロテストのメニューにもあるんですけど、受け身30秒、ロープワーク30秒、受け身30秒を組み合わせたトレーニングなんです。でも、自分たちの世代はロープワーク30秒、受け身30秒、ロープワーク30秒という逆の組み合わせで……。あれはどうして逆になったんですか？

風香　子どもの頃からバンバン受け身を取らせたくなかったの。脳へのダメージとか考えるとね。だけど、基礎体力は上げないといけないから、キッズが多い時の練習は逆にしたの。

SLK　私には走るのが多いほうがキツかったです（笑）。

風香　でも、キッドは練習生の時からすごかったよね。もう『デジャヴ』って技もできたじゃない？　私、そんな技、見たことがなかったから、すぐに動画を撮って小川さんに送ったのを覚えてる。そうしたら、「デビュー日を決めよう」って返信がきて……。

SLK　今、デビューのお話が出たんですけど、私、少し前に風香さんがブログに書かれた〝私のためにプロテストを廃止した〟という件を知らなかったんですよ。

風香　だって話してないもん。キッドの世代は繊細だから一切、ネガティブなことは耳に入れないようにしていたの。私が「プロテストをやらない」と言うと一部からは「やれ！」という声もあって。それをキッドたちが知ったら「私、先輩たちにどう思われてるんだろ？」ってナーバスになっちゃうじゃない？

SLK　私、プロテストをやるもんだと思ってたんで、家でトレーニングしてたんですよ。1分半はできないけど筋トレはシッカリやってました（笑）。

風香　体力面は心配してなかったけど、スパーリングがね……。キッドの世代にはキッズだけではなく大人もいたから、体格差のある人とスパーリングをやるとケガにつながるおそれがあるでしょ。感情表現を見るために周囲が煽った結果、ケガをしてしまった練習生もいたからね。それが危ないと思ったからプロテストをやらなかったの。

真面目で負けず嫌い、でも野望がない新人時代

SLK　そういう風香さんの考えもあってデビューできたわけですけど、私のデビュー戦、いかがでした？

風香　すごかったよ！（渡辺）桃ちゃんとは手が合っていたし、デジャヴもちゃんと出せていたし……。

SLK　いや、でも酷かったですよ（笑）。冷静に見てみるとロボットみたいにギスギスした動きですし……。

風香　いやいや立派だったって。

SLK　本当ですか？　私、最近の新人の子たちのデビュー戦を見ると「メチャクチャ、レベル高いじゃん！」って思うんです。

風香　私はキッドのデビュー戦を見て、無限の可能性を感じたよ。

SLK　でも、それは渡辺桃ありきだったと思います。技をキッチリと受け止めてくれる頼もしい存在だったから。

風香　ただ、デビューはしたけれど野望がないというか……。ただスターダムが好き、麻優さんが好きって感じだったかな。だからといって練習をしないかといえば、めちゃくちゃマジメに練習をするし、負けず嫌いだったよね。

SLK　たぶん、当時のキッズたちは何も考えてなかったと思いますよ。練習に行けば友だちに会えるような習い事感覚とでもいうか……。あとは、イオさん、岩谷麻優、ＫＡＩＲＩとの差があり過ぎたじゃないですか？　真ん中の世代がいなかったから、「あの３人のレベルまでいけるはずがない」って。だから、プロレスは好きだけど「団体のために活躍するぞ！」とは考えられなかったです。

風香　まぁ、そうだよね。だからキッドの世代の子たちのモチベーションをどう上げていくかは常に考えていたかな。あの当時、私はキッドたちにはプロレスを好きになってもらうことに重点を置いて指導していた。だからといって、キッズファイターとプロレスラーを完全に区別していたかといえば、そうでもなくて。

SLK　そうなんですか？

風香　もちろん、同じ練習をさせたり、試合をさせたら危ないのはわかっていたから、区別はしていたよ。ここでポイントになってくるのが桃ちゃん！　桃ちゃんはキッズともできるし、選手ともできる。だから練習も桃ちゃんを間にはさんで、差を調整するという感じだった。ホント、キッドの世代は、桃ちゃんありきだよね。

SLK　すごいな～、桃。渡辺桃最強説（笑）。

風香　キッドって負けず嫌いなんだけど、桃ちゃんやＡＺＭちゃんにはそういう面を見せなかったよね？

SLK　そうですね。あの２人は先輩だという意識もあったから。だけど、同世代、後輩には絶対に負けたくなかったですね。

風香　でも、桃ちゃんとAZMちゃんはキッドに対して対抗心がメラメラだったよ?

SLK　私、ぜんぜん気付いてなかったんですよ。それはデビュー前の話ですよね?

風香　デビューしてからもそうだったと思うよ。

SLK　まぁ、私も自分の下に私みたいなのがいたら、めっちゃ意識するでしょうね（笑）。ただ、（渡辺桃&AZMは）先輩ですけど、この3人はずっと一緒にいるんだろうなって思います、リング上での関係として。だから試合をしていて安心感というか心地良さというか、そういうものがあります。

復帰を迷っていたとき、風香さんが背中を押してくれた

風香　私も思い入れが違うよね、この3人は。順調に育ってくれたなって思っている。

SLK　まぁ、私は一度、リングを離れていますけど。表向きは受験で、実際は体質のことだったって、この本で初めて明かしました。

風香　表で言ってなかったんだ!　それって他の選手は知ってたの?

SLK　知っている人は知っている、みたいな状況でした。まぁ、イベントとかにちょくちょく顔を出していたし、戻ることにあまり気まずさはなかったです。

風香　その欠場中に辞めようとは思わなかったの?

SLK　いや、思いましたよ。だけど、風香さんとママが連携して（笑）。選手の前に顔を出すような機会を作ってくださって、気まずくなく戻れるようにしてくれましたよね。

風香　原因が鼻血が出やすいからってことだったけど、子どもの頃ってそもそも鼻血は出やすいじゃん?　それって成長すれば治ることが多いし……。実は私も子どもの頃、そうだったから分かっていたんだ。だから、それが理由だったら辞める必要がないし、子どもだから待ってあげればいいかって。

SLK　あと、欠場中、AZMや琉悪夏、桃たちとは家族ぐるみで食事をしたりしていて……。まぁママが上手く繋ぎ止めてくれていたんだと思います。

風香　キッド家はお母さんが熱心だったからね。私にいつも気持ちがこもった熱いメールをくださって。近況報告とともにね。

SLK　ママ、そこになんて書いてました?

風香　「プロレスにはまだ目が向いてないけど、（プロレスを）辞める様子はなさそうです」みたいな感じで。だから、時機を見ながら「練習にきなよ」って徐々に復帰に向けて動いたんだ。

SLK　私が一番印象に残っているのは「練習にきなよ」って誘われて新小岩に行ったら、「で、復帰、いつにする?」みたいな。「復帰前提ですか?」って驚きました。

風香　それは秋葉原のサイゼリヤじゃない?

SLK　それは全然覚えてないです!

風香　サイゼにお母さんと一緒にきてもらって、キッドが席を外した時にお母さんに「キッドが戻ってきたら復帰の話をしていいですか?」って言ったの。で、「練習、いつ再開する?」って。

SLK　あ、それは練習再開の打診で、新小岩に練習に行ったら復帰の打診という順番ですね。

風香　あれ、そうだっけ?　サイゼの時のことで覚えているのは、練習再開のお話をした瞬間、キッドがお

母さんに「何言ったの?」って怒って（笑）。

SLK　だって、話が勝手に進行してるんですから！（笑）結局、何も言えずに「あぁ、はい、はい……」みたいな感じで練習に参加したんですよね。あの場がなかったら私、復帰してなかったかも。

風香　そうだよね、まだ子どもだったし、「戻りたいです」って言えないよね。

SLK　だから、当時は「勝手に話が進んでなんなの?」と思ったけど、今は感謝です。ただ、やっぱり、あの時も心のどこかで復帰したい気持ちはあったから筋トレはしていたんです。

風香　そういう話もお母さんから伝わってきたから。「もうプロレスはやらないと言ってるけど、部屋で筋トレはやっています」、みたいな感じでね。

SLK　筒抜け状態（笑）。

風香　で、その情報を逐一、小川さんに報告して復帰の道を作って。で、そうなると今度はキッドを他の選手から守らなくてはいけないなって。やっぱり、なかにはそうやって戻ってくることを快く思わない選手がいるかもしれないから。それで「小川さんの決定事項だから」と選手に伝えて、キッドには批判がいかないように動いたんだ。

SLK　守っていただいていたんですね、私。そんな時代に戻りたい（笑）。

風香　でも、復帰した時のキッドを見て驚いたのよ。休んでたとは思えないほど、めちゃくちゃ動けたし、休んでいた間のプロレスのことも全部知ってて。

SLK　でも、抜けているところは抜けています（苦笑）。

垣間見えたブラックキッド、闇堕ちは驚かなかった

SLK　ところで風香さん、私の試合で思い出に残っているものってありますか?

風香　すぐに思い浮かぶのは……ごめんね、悪いものなんだけど（苦笑）。AZMちゃんとの試合で、教えたことができていないことがあったよね。

SLK　覚えています。めちゃくちゃ怒られたので（苦笑）。風香さんに試合のことで怒られたのって、あれ1回っきりだと思うので、よく覚えています。

風香　あまり怒らないようにしていたから、特別に思い出に残っているのかな。キッドとAZMちゃんの落ち込みようがすごかったよね。怒った私が言うのもなんだけど、「あ、どうしよう……」って思って。だから美邑弘海に「フォローしといて」って押し付けた（笑）。

SLK　フォローされたことはまったく覚えてないです（笑）。私が闇堕ちしたことを知った時、どのように思いましたか?

風香　そりゃあビックリしたよ。でもさぁ、昔から〝ブラックキッド〟な一面はあったよね?

SLK　そ、そうですか?

風香　よく若い世代のみんなで練習終わりとかにご飯行ったじゃない? その時に現れるブラックキッドがね（ニヤリ）。

SLK　なんだろう、ツンツンしているところがあったというか……。

風香　キッドのほうが先輩だし、上のポジションなのに渋沢四季（8期生＝2019年3月引退）ちゃんに対する嫉妬がすごかったよね。なんだっけ? 紙テープがキッドよりも四季ちゃんのほうが多いとか、そういうことが原因だったっけ?

SLK　はい、四季の人気にめちゃくちゃ嫉妬してましたね～……。（苦笑）

風香　四季ちゃんが隣にいるのに、四季ちゃんをディスりまくってたよね?（爆笑）

SLK　（爆笑）ヒドイっすね！

風香　もちろん、冗談交じりではあるんだけど、みんなで「キッドはブラックだ」とか「キッドはヒール向きだ」って言ってたよね。だから……ついに、その時がきたかと思った（笑）。

SLK　ついに！（笑）風香さんにはそう思われてた

んだ。
風香　でもね、真面目なことをいえば、私はスターダムを離れてしまったけれど、遠目から見ていて、STARSを脱退する直前のベビーフェイスのキッドが、とてもキラキラしていたと思うのね。だからこそ、何をやっても成功するとは思っていたんだよね。でも、その反面、ベビーでキラキラしていたキッドを見れないことはもったいないな〜とも感じた。
SLK　ありがとうございます。
風香　週プロの表紙になったのは、闇堕ちしてすぐ？
SLK　いえ、2021年の7月に完全に黒になって闇堕ちをしたんですが、単独で表紙になれたのは2022年の2月でした。
風香　表紙を見て、「わぁ、すごい選手になったな」って、思わず買っちゃったよ。自分が現役の時に表紙になっても買わなかったのに。
SLK　本当ですか！　めちゃくちゃ嬉しいですよ！
風香　やっぱりさ、自分が教えた子が専門誌の表紙になるってのは、ウルウルしちゃうし、本当に嬉しく思うよ。それにね、今日、夢の一つが叶ったんだよね。
SLK　夢、ですか？
風香　自分が教えた選手が主役になっているものに、こうやって関わらせてもらうこと。麻優ちゃんの時もそうだったけど、主役のキッドから対談してほしいって言ってもらったことが嬉しくて。キッドもこうやって本を出せる選手になったんだなって感慨深いよ。
SLK　いや〜、私もここまで褒めていただけるとは思っていませんでしたよ。
風香　少し話題は変わるけど、私、スターダムのことを悪く言われるのがイヤなのね。最近だと新しい選手が登場すると、やれ引き抜きだとか言われたり。でも、スターダムに出たいというのは、それだけ魅力があるということじゃない？　出場したという結果だけを見て悪く言われるのが腹立って、ブログに書いてる（笑）。
SLK　嫉妬ですよね。それだけスターダムが大きくなった証ですし、その団体の生え抜きであることに誇りを覚えます。
風香　今のスターダムは大きな会場で試合をやっているし、お客さんもたくさん入ってる。そして、そのための工夫がすごいなって思っていて。本当に素晴らしいと思う、今のスターダムは。
SLK　でも、私自身、時には新木場で試合をしたいなって思うこともあるんですよ。やはり、初心に戻るというか……。
風香　そういう昔のことを大切にする人柄が出てるから、ファンはキッドのことをいつまでも応援してくれるんだろうね！
SLK　今日はたくさん嬉しいことを言われてるな、私。そろそろお時間でして、最後に今後の私に何かアドバイスをいただけませんか？
風香　アドバイスっていうか、「こうなってほしい！」ということなんだけど、まず、AZMちゃんとのライバル対決をメインで見たい。麻優ちゃんもあと1回はチャンピオンになると思うから、その時にキッドが麻優ちゃんに勝ってベルトを巻く姿も見たい。麻優ちゃんに引導を渡すのはキッドかAZMちゃんか桃であってほしいかな。〝あの頃〟を知っている身としては。
SLK　風香さんのその想いは、自分が叶えます！　今日はどうもありがとうございました！

風香（ふうか）
1984年生まれ。奈良県出身。実兄はDDTに所属していたプロレスラーの柿本大地。2004年にJDスターでデビュー。同団体が解散した後、ロッシー小川プロデュースで風香祭を開催。POP王座を獲得するなど、2000年代を代表するアイドルレスラーとして活躍した。2010年に引退。翌年、旗揚げしたスターダムに参画し、GMに就任。岩谷麻優やスターライト・キッドをはじめ、多数の選手を育成した。2022年8月にActwres girl'Zのアドバイザーに就任し、辣腕を振るっている。

パーソナルカラー診断で SLK色を見つけよう！

女性たちに人気の「パーソナルカラー診断」。マスクを脱げばイマドキ女子のSLKも似合う色は気になる様子。評判のサロンで体験してきました！

本書の企画で〝やりたいこと〟をSLKに尋ねたとき、まっさきに返ってきたのが〝パーソナルカラー診断〟という言葉だった。

「パーソナルカラー診断って知ってます？　カウンセリングで自分に似合う色を見つけてくれるんですよ。リングでは派手な私ですけど、私服はけっこう地味で、白か黒ばっかりなんです。パキっとした色味の服も着てみたいけど、どうも合わない気がして……。どんな色が似合うのか、どうしても知りたいんですよ」

その悩みを聞いて立ち上がってくれたのが、ビューティーカラーアナリストの海保麻里子さん。診断実績2万人を超える、パーソナルカラー診断のスペシャリストである。

さっそく南青山にある海保さんのサロン「サロン・ド・ルミエール」にお邪魔して、診断をしていただくことになった。

大きな窓から差し込む太陽光があたたかい、白を基調とした上品なサロン。晴れて良かったですね、と海保さんが優しく出迎えてくれた。

「色は光の反射で見えるものです。色を確認するには、太陽光に近い白い光がいいんです」

最初に質問事項が書かれたヒアリングシートを記入していく。記入が終わったら、カウンセリングがスタート。

「似合う色というのは、肌の色、髪の色、瞳の色、お顔立ちによって決まってきます。その似合う色を〝パーソナルカラー〟と呼んで

診断開始！

②ヒアリングシートに基づいてカウンセリング。色見本を見ながら説明してもらう（下）。

①ヒアリングシートを記入。好みの色、普段よく着る洋服の色などの質問に答えていく。

色の見本。手前からウィンター、サマー、オータム、スプリング。

③カラーチャートを当てながら、肌や髪、瞳の色を確認。

④ドレープ（上）を当てていき、似合う色のグループを探していく。

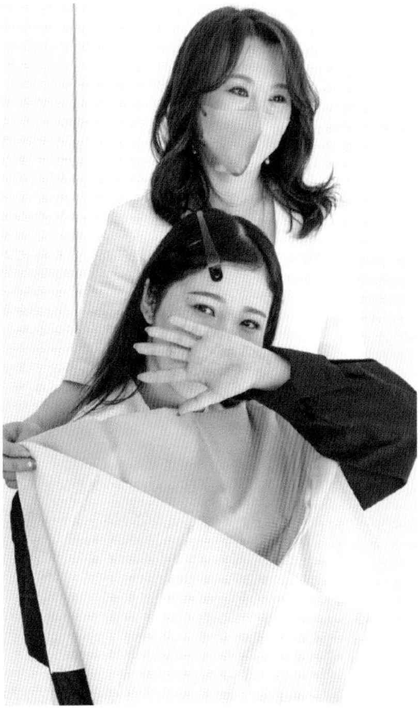

います。パーソナルカラーは色の傾向によって4つのグループに分かれます。スプリング、サマー、オータム、ウィンターと季節の名前がついています」

　海保さんはシートを広げながら説明をしてくれた。微妙に色味の異なる赤や青、緑などの色見本が4つのグループに分かれて並んでいる。

「スプリングとオータムは全体的に黄色が混ざった色で構成されています。そのため、〝イエローベース〟と呼ばれています。ちょっと暖かい感じのするお色ですね。それに対して、サマーとウィンターは青が混ざっているため、〝ブルーベース〟と呼ばれます。こちらは涼しい感じのするお色です。それではお肌や髪、瞳の色を見ていきましょう」

　カラーチャートを当てながら、肌の色や髪の色、瞳の色を確認していく。

　続いて海保さんが取り出したのが、「ドレープ」と呼ばれる鮮やかな布。色ごとに系統立てて並んでおり、一枚ずつ当てていくことで似合う色のグループが分かるという。

「色には同化現象というものがあるんです。たとえば、ブルーベースの色を合わせると、顔に青みが乗って白く見えるんですね。それが似合っていると透明感が出てきれいに見える。でも、似合っていないと青白くなるんです」

　海保さんの言う通り、同じような青でもグループによって、当てた時の印象がガラっと

［診断結果］

パーソナルカラーは「サマー」

“ブルベ”のサマーがピッタリ！ オータムは苦手！

メイクも教えてもらいました！

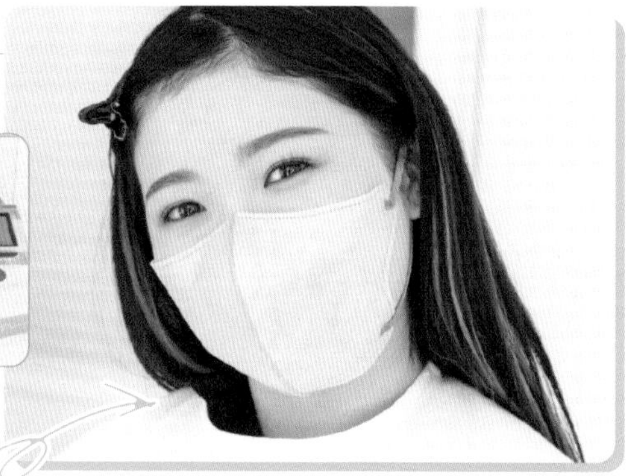

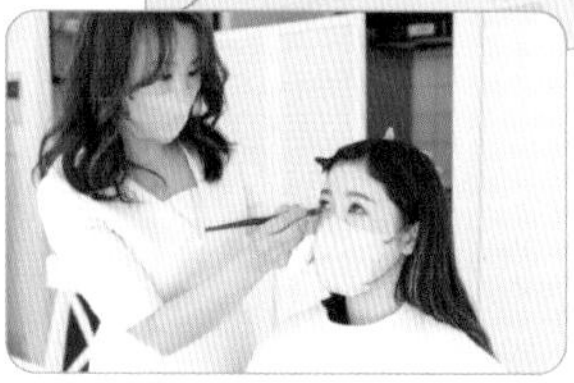

パーソナルカラーに合ったサマーの色味の化粧品をチョイス。

ふんわり、お嬢様メイクの完成！

変わるのが面白い。

「やっぱり肌が白いので、サマーが似合いますね。あとは目元が優しいので、髪色を茶色っぽくすれば、スプリングも似合いそうです。ただ、オータムはちょっと苦手かもしれませんね」

その言葉を聞いたSLK、思い当たることがあったのか、突如前のめりになった。

「やっぱり！ 前にマスタード色のニットを買ったんですけど、恐ろしいくらいに似合わなかったんです！」

「オータムはくすんだ色が多いので、SLKさんはクリアな色の方がいいですね（笑）。髪色との調和を考えたら、ファーストシーズン（一番似合う色）はサマー、セカンドシーズン（次に似合う色）はスプリングです」

診断終了後は、嬉しいメイク指導のサプライズが。ベースメイクの選び方などのアドバイスも受けて、女子力はまちがいなくレベルアップしたはずだ。

「パーソナルカラー診断は、着るものを狭めるためにやるわけではないんです。ここぞという場面で、似合うものを着ていただきたい。そういう思いで診断しています」と海保さん。プロレス中心でプライベートは皆無というSLKに、はたして〝ここぞ〟という場面はくるのか。今日の成果が試される機会が訪れるのを、われわれ制作陣も楽しみに待ちたい。

After
Point 1
メイクの色は
“サマー”に変更
Point 2
マスクも
似合う系統の色に
Point 3
トップスは
サマー系統の
青みがかった
クリアなパープル

海保さんのアドバイスにしたがって、私服をコーディネート。サマー系統の色味のトップスに、教えていただいたメイク、マスクの色も似合う色味に変更。上品で清楚な、お嬢様風のSLKが誕生！

企画にご協力いただいたのは…

「Salon de Lumière（サロン・ド・ルミエール）」

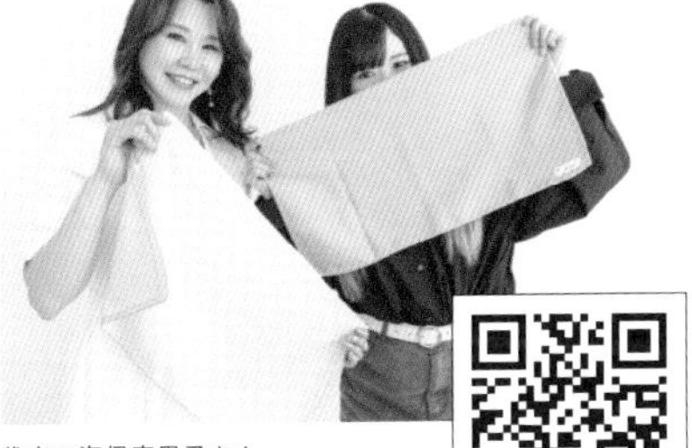

代表の海保麻里子さん

サロン情報・ご予約はこちらから▶

南青山にあるビューティーカラーアナリスト®の海保麻里子さんが運営する人気サロン。スクールも主催しており、専門性の高い10タイプ®の正確なパーソナルカラー診断が評判。女性誌やＴＶなどのメディアにも多数取り上げられており、あか抜けメイクレッスンや骨格診断のお得なセットプランも好評。累計2万人の来店実績があり、日本全国はもとより海外からも多くの女性が訪れる、初めての人でも安心できる老舗サロンです。

住所：東京都港区南青山2-2-15-404

電話：0120-77-3351　受付時間：10時～ 18時30分

ＨＰ：https://salon-de-lumiere.com/

ＳＬＫはいつも何を入れている？
バッグの中身を初披露！

「この本ではＳＬＫのすべてをさらけ出してやるよ」と豪語したスターライト・キッド（ただし、素顔……鼻は死守するけどな！ ｂｙＳＬＫ）。それならばバッグの中身をさらけ出していただきましょうか！ と、いうことで某取材時に抜き打ちで愛用のバッグをチェックしてみました！ 気になるその中には……こんな物が入ってます！

これが愛用のバッグ

「ここ最近、お気に入りなのがカルバン・クラインのこのバッグ。ブランド自体も気に入ってて服もカルバンクラインが多いんだけどね。このバッグのポイント？ コンパクトなフォルムなんだけど、意外にも収納力があるところ！ じゃ、中身を見せま〜す！」（SLK）

大公開!! スターライト・キッドのバッグの中身

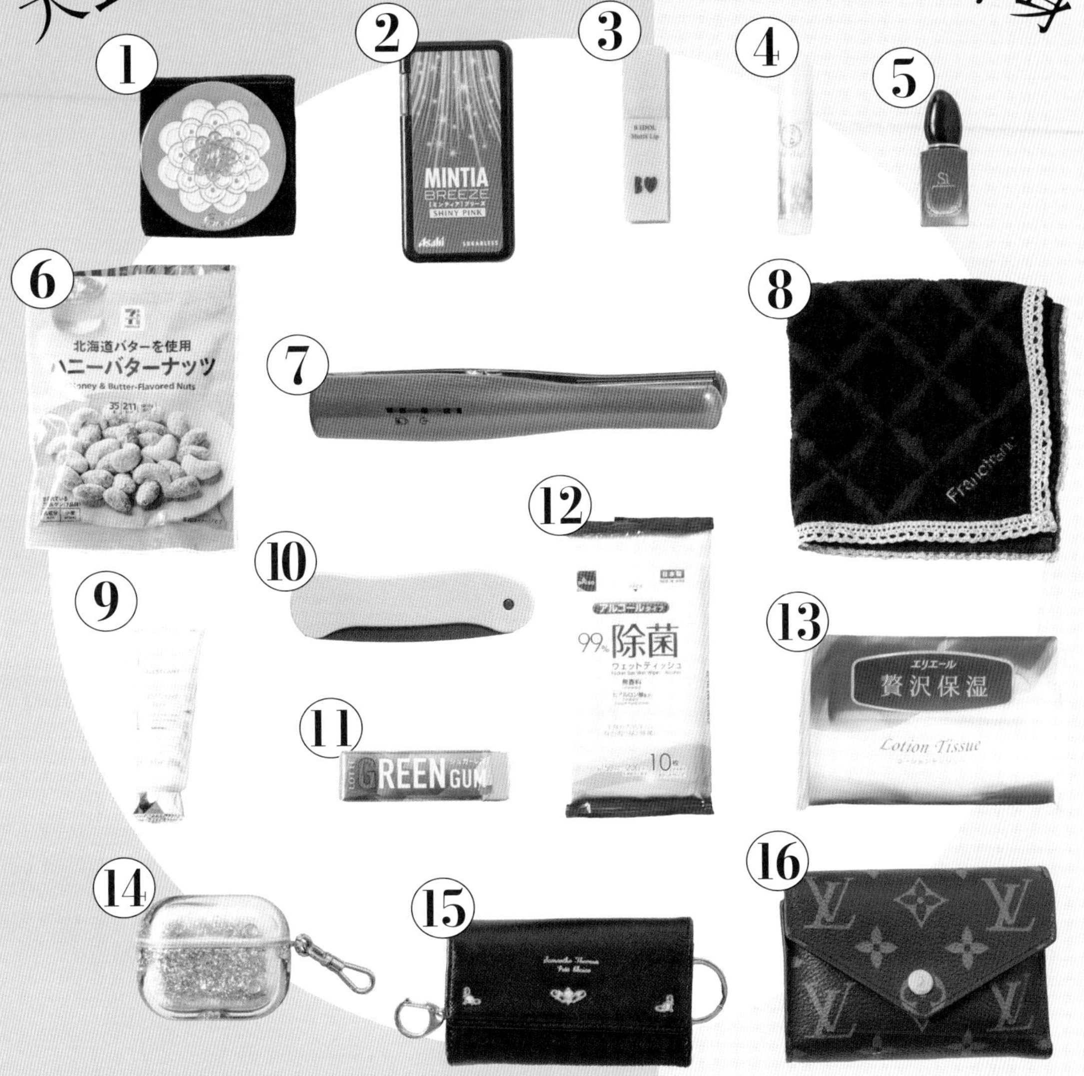

① ミラー…身だしなみの必需品でしょ！　薄くて使いやすいので重宝してるんだよね。
② ミンティア…食後にスッキリしたい時に愛用してる。今はこの味が一番好きでよく買ってるかな。
③ リップ…コスメが好きでいっぱい持ってるから日替わりで。今日はこの色だけど、明日は違った色だと思うよ。
④ 薬用リップ…季節によっては乾燥しがちだから、薬用リップも必需品です。
⑤ 香水…これもその日の気分によって日替わりだね。香水もいっぱい持ってるよ。
⑥ ハニーバターナッツ…やっぱお腹が空くじゃん？　そんな時にナッツ類は重宝してます。これは一番のお気に入り。食べかけだけど（笑）。ある意味、一番SLKっぽいアイテムかも。
⑦ 携帯用ヘアアイロン…前髪用なんだけどさ、マスクを被ると前髪が乱れまくるの！　で、マスクを脱いだ時に素早く修正できるように持ち歩いてます！
⑧ ハンカチ…これも身だしなみでしょ！　それ以上の説明はできん！（笑）。
⑨ ハンドクリーム…保湿は大切！　このジルスチュアートのハンドクリームは香りが最高！　リピして使ってます。
⑩ ブラシ…バッグに入るようにコンパクトなものを使ってます。
⑪ ガム…グリーンガムは依存症気味になってます(笑)。噛んでいると落ち着くんだよね～。
⑫ 除菌ウェットティッシュ…やっぱ、ここ数年、持ち歩いてないと不安になるしね。
⑬ ポケットティッシュ…これも常識として持ち歩いてます。保湿成分が含まれているのでありがたい！
⑭ AirPods Pro…ある意味、このバッグの中で一番の必需品だな。私、音楽がないと生きていけないから！　よく聴くジャンル？　なんでも聴くよ。洋楽も聴くしスターダムの選手の入場テーマも聴くし。私、けっこう入場曲マニアだよ（笑）。
⑮ キーケース…サマンサタバサのものですね。デザインが可愛くて気に入ってます。実家暮らしの時から使ってるから、まぁまぁ長い期間、愛用してるね。
⑯ 財布…以前は長財布を使ってたんだけど、このバッグに合わせて折りたたみ式のお財布を使うようになったんだ。私のバッグの中はこんな感じだけど……ってか、こういう企画、いきなりやるなよ！（笑）

オフショット ～プライベート編～

マスクウーマンの SLKはプライベートを見せるワケにはいかない……と思っていたら、「全然、大丈夫っしょ！」(by SLK)ということでコチラではオフショットをお届け！　SNS未公開の写真ばかりですよ～♪

夏休み！

2022年の夏休みに初めて沖縄に行ったんだよね。また行きたいな！

山手線で移動中

車の免許は怖過ぎて取れん(苦笑)。だから移動は基本的に電車だよ

そろそろ寝ようかな

だいたい3時位まで起きてるよ～

髪色変えてみた

髪色変えたら必ず自撮りするよね？

たまにはお酒も！

やっぱお酒は無理だった…

お気に入りのドリンク！

スタバはよく使うし期間限定商品は基本的にチェックするんだよね～

お正月!

2022年の大みそかはバッチリ年越しそばをいただいてから2023年の突入はおみくじ！　吉だった～！ま、某アイコンさんは凶だったらしいけど（Twitterチェック済～っ！)、それよりはマシっしょ！

熱海!!

巡業中

富士山（見えにくいけど）

城!!

お出かけ、大好き！
SLKはプライベートでもとってもアクティブ！

風邪ひいた時こそ、肉!(笑)

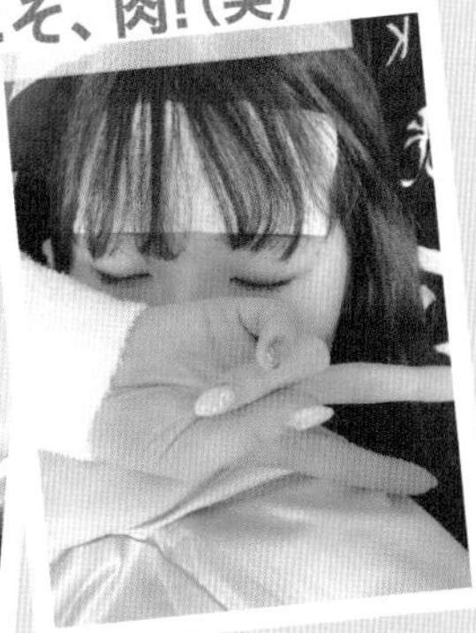

風邪ひいた～…でも肉で回復したけどな！

この本の撮影で日光に行ったよ！

寒かった！　だってマイナス２度だよ？　でも楽しかった！
グラビアも楽しんでね～！

SLKに50の質問

01 自分の性格を一言で表すと？

几帳面!!

02 好きなコンビニスイーツは？

クリームが多いスイーツ♡

03 焼肉屋さんで必ずオーダーするのは？

ハラミ

04 彼氏にはどのように呼ばれたい？

♡本名の下の名前♡

05 理想の告白シチュエーション

2人きりのロマンチックな空間…♡

06

彼氏の浮気現場に
出くわしたらどうする？

一旦話し合う

時には大胆に素顔をさらすこともあるけれど、やはりミステリアスなスターライト・キッド。その知られざる素顔に迫るべく、スタイルブックでは定番ともいえる「50の質問」を敢行。矢継ぎ早に繰り出す様々なジャンルの質問で、SLKの素顔を深掘りさせてもらいます！

07

理想のデートコースは？

どこかに出かけてご飯
食べたり、カフェで話したり…
水族館や映画、お家などの
普通でいいかも！笑

08

大好きなスタバで
オーダー率が高いのは？

期間限定のものや
ハニーウーロンティーラテ！
切実にほうじ茶クラシックティーラテ
を復活させて欲しい!!!!!

09

よく聴く音楽、好きなアーティストは？

- ヨルシカ
- ぬぐもの
- あたらよ
- NiziU
- 洋楽
- その時ハマっている

10

朝起きて、まず何をする？

携帯を見る

11

回転すしでまずは何から食べる？

マグロ

12

好きな映画は？

ひるなかの流星

13

愛用の香水は？

試合時→ヴィトンの「ATTRAPE-RÊVES」

プライベートのお気に入りは JILLSTUARTの「white floral」

14

飼ってみたい動物は？

わんちゃん♡♡
（一人暮らしとか）

15

好きな運動会の種目は？

全員リレー

16

明日、地球が終わるとしたら何をする？

好きな物を好きなだけ食べる!!

17

コスチュームを忘れたら誰のものを着てみたい？

中野たむか羽南みたいな
フリフリ系かなぁ〜。

18

行ってみたい国は？

✓アメリカ ✓メキシコ
✓ハワイ

19

スターダムの選手で
一日だけなれるとしたら？

✓ひめか
✓なつぽい

20

自分が男性だったら
スターダムの誰を彼女にしたい？

月山和香

21

好きな季節は？

春 ✿

22

好きなブランドは？

Calvin Klein
&
ENVYM

23

苦手なことは？

細かい作業
（不器用だから…。）

24 プライベートで一緒に遊ぶ選手は?

✓琉悪夏 ✓吏南 ✓桃

25 好きな色は?

✓黒 ✓紫 ✓青 ✓ピンク

26 カラオケで必ず歌うのは?

必ずってのはない!!

27 思わずドキッとする男性の仕草は?

男らしい一面が見えたとき…♥

28 プロレスをやっていなかったら今、何をしていたと思いますか?

大学生

29 将来、どこに住みたい?

利便が良くて駅近なオシャレなタワーマンション!!

30 朝起きたら岩谷麻優になっていました。どうする?

岩谷麻優本人ではないと気づくのかドッキリをSTARSに仕掛ける!

31 今まで闘ったことのない選手で闘いたいのは誰？

NEOに所属していた選手達

32 今、ハマっているモノは？

オムライス!!

33 好きな駄菓子は？

グリーンガム

34 最近、感動したことは？

ドラマやTiKTOKを見てかな〜。

35 突然1週間のオフをもらったら何をする？

旅行

36 好きな漫画は？

絶叫学級やホラー系が好きだった

37 子供の頃のヒーロー・ヒロインは？

Prizmmy☆というグループが大好きだった

38
恋愛は攻める方？　受け身になる方？

時と場合によるけど
恥ずかしさや相手の様子を
伺ってしまったりして
ぐいぐいは攻めれないかも？？

39
最近、一番笑ったことは？

- カードゲーム
- 友達とふざけ合ったとき

40
10年後、何をしていると思いますか？

プロレス…？
主婦…？
はたまた…？

41
よく行くお店はどんなお店？

Starbucks

42
部屋にフキゲンですさんが住み着いたらどうする？

いやしにする

43
試合前に必ずやることは？（おましないとか）

- ストレッチ
- 音楽を聴いてリラックス

44
彼氏に食べさせたい得意料理は？

得意料理がないから
彼氏が食べたい物を
頑張って作る♡

45

好きなパスタの味は？

和風パスタ
or
クリーム系

46

好きな魚を絵に描いてください。

47

好きなドラマは？

あなたの番です

48

大江戸隊でバンドをやるとしたら誰がどのパート？

ナツコ→ドラム
沙希→キーボード
キッド→ボーカル
桃→ベース
史南→ギター
×
琉悪夏
フキゲン→サイボーカル

49

親友と同じ人を好きになってしまったらどうする？

対抗しに行くかも？

50

最後にこの企画をやってみての感想は？

意外と自分のことを知らないかもって思ったことが多かった笑
まぁ、お前らにSLKのこと沢山知ってもらえたならいいや〜。

誌上デート企画

SLKと二人旅！

東照宮

おわりに

最後まで読んでくれてThank You!!

どうだった!? 女子プロレスラー＆マスクウーマンの概念を

ぶっ壊すような今までにないスタイルブックで面白かったでしょ!♡

リング上からプライベート。ここでしか知れないことも沢山あって

更にSLKのことを知ってもらえる素晴らしい1冊が完成したと

思う♡"

やりたいことも色々やらせてもらって、ロケとかもこのスタイルブック

と共に良い思い出になった――!!!!!

マスクウーマンとして女子プロレス界"初"を沢山取って

いくから楽しみにしててね〜。

だからこれからもSLKだけを見とけよ♡♡

Goodbye

スターライト・キッド

スターライト・キッド

身長150センチ、体重49キロ。生年月日、出身地ともに非公開。スターダムに所属する女子プロレスラー。2015年10月11日、後楽園ホールでデビュー。長年、正規軍STARSのメンバーとして活動するも、2021年6月の大江戸隊とのイリミネーションマッチに敗北し、大江戸隊に強制加入。黒虎へと変身すると、ハイスピード王座、ゴッデス・オブ・スターダム王座、アーティスト・オブ・スターダム王座を相次いで獲得するなど、大ブレイクを果たした。驚異的なスピードと高難度な技を誇る華麗なテクニシャン。得意技は、Eternal foe、スター・スープレックス・ホールド、黒虎天罰、黒虎脚殺、ムーンサルト・プレス、モモ★ラッチなど。

構成・編集　入江孝幸／権田一馬（株式会社彩図社）

写真　大川 昇（P26-59、68-75）
高澤梨緒（カバー写真、P01-25、60-67、77-99、102-127）
東京スポーツ新聞社（P57）
株式会社ブシロードファイト（P42-43）

デザイン　山﨑健太郎（NO DESIGN）
菅原 慧（NO DESIGN）
小川順子（NO DESIGN）
中野 潤（NO DESIGN）

協力　株式会社ブシロードファイト／新日本プロレスリング株式会社
闘魂SHOP水道橋店／Salon de Lumière

STARLIGHT KID STYLE BOOK
SLK STYLE

2023年6月8日　第1刷

著者　スターライト・キッド

発行人　山田有司

発行所　株式会社　彩図社
東京都豊島区南大塚3-24-4
MTビル　〒170-0005
TEL：03-5985-8213
FAX：03-5985-8224

印刷所　シナノ印刷株式会社

URL　https://www.saiz.co.jp

Twitter　https://twitter.com/saiz_sha

ISBN978-4-8013-0659-2 C0095